Water Fall Wall

水瀑布牆

Wu Jui Pao

吳睿保

In Taiwan

作者簡介

吳睿保

（筆名：吳明博、穀禾田、穀莊稼、穀恬憫）

我們人的生命是很奇妙的，有些事情不是您想的就可以，往往有些時候，我們會感到彷徨無助，有些時候呢！又會有些許的得意，就在彷徨與得意的同時，我們可能會看到什麼，那是生命的過程，一個階段，一個階段，每個階段都會有不同的體悟，這就是人生。

作者童年的時候，心中老是有些想法，而這些想法會一剎那，一剎那的閃過，很難捉取，那時候我就想，如果可以把它寫下來多好，直到少年、青年，步入中年，到快要老年的時候，那些想寫的影像，像排山倒海一樣地浮現，而我只是提筆記錄而已，就這樣，一系列，一系列《法拍屋風暴》、《屏東的小湯姆》、《共生農業》、《歡喜法音流》等，竟然就創作出來了，希望您們喜歡。

另外，穀莊稼的共生農業森林農園，有十幾年的耕作經驗，可以輔導您種出好菜，只要您家有空地，或頂樓有全日照的地方，想自己種菜來吃，穀莊稼先生可以幫您規畫，種出好菜來讓您食用。

若對共生農業森林耕種有興趣者，請上電子書店，閱讀《共生農業森林種植》免費圖文書。

有意者，請寄電子郵件：869548@gmail.com　與穀莊稼先生洽談

穀禾田半農作家工作室的書系，有：
《屏東的小湯姆》親子讀本七套，三十冊

水瀑布牆

《共生農業開講》、《歡喜法音流》陸續書寫中
《法拍屋風暴》醒世小說六本，曾出版過紙本書。

序

　　2013 年 6 月至 8 月期間於本校辦理之「農企經營及精緻農業班」講授有機農業相關課程時認識穀禾田先生，瞭解穀先生極為重視現今農業大量施用農藥等化學藥劑對環境、生態及健康安全造成負面效果的影響，因而他自己開墾管理一個自然生態農場，產品優質安全，可謂利己利人。

　　穀先生也擅長於寫作，其大作「屏東的小湯姆」，內容豐富、筆法率直生動，讓人回憶兒時農家生活的點點滴滴，值得閱讀。經穀先生之邀請，時值該書付梓特為之序。

水瀑布牆

王鐘和

於中華民國 102 年 8 月 30 日
國立屏東科技大學
農園生產系教授兼系主任
台灣有機農業促進協會副理事長

水瀑布牆

屏東的小湯姆二

目次

水瀑布牆　007

農作小季　030

航海訓練　054

神秘山谷　084

水瀑布牆

大熱天

　　媽媽忙著折她的甘蔗葉子，一捆一捆地折好，晚上燒飯煮菜要用這種甘蔗葉起火燃燒。

　　「湯姆！把折好的甘蔗葉搬到灶腳那裡堆疊。」

　　「喔！」

　　「等一下去拿幾把甘蔗葉，剝掉乾掉的，放一、兩把給牛吃。」

水瀑布牆

湯姆為了討好媽媽，坐在大埕廣場努力地剝甘蔗葉，太陽大大地照在廣場上，屋影下仍可感受到熱氣的酷暑。湯姆動作俐落，剝完一大堆的甘蔗葉，搬到牛舍旁，立起來後，就對媽媽說：「媽媽！媽媽！我們老師說要去參加航海訓練，我要去參加，好不好？」

媽媽沒有直接回絕，看來有希望去成。

真的太熱了。

吹口哨！

喵喵！

汪汪汪！

「豬舍旁的野狗在叫了。」

「湯姆！你那些狗兄狗弟在召喚了。」

湯姆抓抓頭髮，探頭看看厝角。

湯姆假裝搬東西到豬舍，探頭對著肯尼他們說：「等一下！我把地上的甘蔗葉收拾乾淨就出來。」

肯尼、魯比不耐煩地站在厝角下躲太陽，真的熱死人了。

「湯姆！湯姆！你又要出去了。」

「天氣太熱了，我要去大圳游泳。」

「大熱天的，老是往外跑，會熱到。」

「不會啦！跳進大圳游泳，就很涼快了啊！」

媽媽想不透怎麼這小孩大熱天的，就是喜歡往外跑，似乎擔心著湯姆老是往那條大圳去游水。

圳水很大，有些地段很湍急，遇到大圳溝，水流有高低處，形成水瀑布牆會有漩渦。

「要小心哦！」

「我知道啦！」

湯姆看媽媽沒有禁止他出門的意思，一面提醒媽媽：「記得要讓我去參加航海訓練喔！」

未等媽媽回應，一溜煙跑得不見人影。

「湯姆！湯姆！趕快啦！」

「喔！肯尼！我們今天要去哪裡游泳呢？」

魯比說：「我們去燕萍她們家那一段比較深，我們可以從芒果樹上跳下去潛泳。」

「好啊！走！」

「到湯尼家看看湯尼能不能出來？」

「湯尼！湯尼！你們家還有香蕉樹嗎？」

「我們去屋後菜園看看！那裡還有好幾棵老欉的，香蕉串已經採收，我們把它推倒，搬到大圳去。」

「阿伯！阿伯啊！水很深，不能跳啦！跳下去會死人呢！」

「是啊！我就是想死，才要跳水啊！」

「阿伯！您不要跳水自殺，現在圳水很冷，跳下去

水瀑布牆

是不會死的，反而會讓您冷得皮皮銼。不相信我跳給您看！」

噗通！

「哇！冷死了。」

肯尼、魯比和湯尼站在阿伯的背後偷笑。

阿伯說：「你真的往下跳喔？」

「對呀！我整個夏天都在這條圳溝游泳，我知道圳水只會把我沖走而已。阿伯啊！您不要想跳水自殺，您是大人跳進圳溝裡，只會被水沖走而已。」

阿伯看看大圳，又看看圳裡的湯姆，回頭看看肯尼、魯比和湯尼，然後轉頭走了。

「湯姆！湯姆！你敢跳嗎？這裡很深哦！注意下面有一塊大石頭，那裡的漩渦會旋轉呢！文得有一次被漩在那兒，出不來呢！」

湯姆好奇，從上面順流而下，今天水位又大又特別急，整個人隱入水中，隨著大水流往下沖，岸上的小朋友看不到湯姆。

湯姆在水底潛泳，睜開眼睛看到水瀑布牆上，四周圍的流水。潛到大石頭那邊，白色水泡泡很多，看不清楚。憋氣憋不住了，浮出水面，已被沖出漩渦範圍，想要游回去，總是被大水沖走，游不動。爬上岸，找同伴往上游順水而下。

　　尼費原來很擔心，看湯姆游得那麼愉快，和湯尼、喬治、安東尼一起往上游，追著湯姆。

　　湯姆建議走遠一點，去找一棵香蕉樹，大夥抱著香蕉樹，順水而下，一定很好玩。

大涵洞

喬治腳踩到石頭叫一聲：「哦！好痛哦！」

「喬治！你沒走過這條牛車道嗎？走路的時候，腳盡量踩在雜草上，牛車道上有牛車輪壓過的痕跡，上面長滿了草，踩在草上面走路，腳才不會被熱熱的石頭燙到哦！」

　　尼費用跑跳的行進方式，一面快跑，一面跳躍，還興致一來跳進田埂上．。

　　來回跳躍行進，走著，後面湯姆、安東尼也一起跟著跑跳。

　　「湯姆！湯姆！還要走多遠，這裡看不到香蕉園呢！要不要去找大竹竿丟到水裡？」

　　「不要！大竹竿會割到手，而且水流彈回來的力量，會撞到身體，很痛呢！還是往上找一找香蕉樹，抱著香蕉樹比較有彈性，即使抱著它往水瀑布沖下去，也不會受傷。」

　　「好吧！可是要走很遠很遠，才可以看到香蕉樹。」

　　「沒關係啊！我們可以一次玩五、六個水瀑布，順著大圳漂浮，順水流而下，讓它流到我們國小後面那個水瀑布啊！」

　　「哇！看來湯姆的冒險精神挺強的。」

　　「安東尼！尼費呀！不用擔心，這幾個段落的水流，我統統游過了。每一段的水域會有大小不同的深度。有些地段下面全是碎石頭，偶爾還會踩到幾片玻璃。如果游經這一段的話，上身盡量浮在水面，不要用腳踩到水底。

　　最怕的是遇到水流湍急又淺的鵝卵石多的淺水區，這個區域有時候必須讓身體半漂浮，半游泳，偶爾

水瀑布牆

還需要爬起來用走的，被水沖著在水中跳躍翻滾，往往水流很急，才站起來又被沖走了。腳下亂石一堆，要盡量小心這一段。

過了這一段最驚險刺激的水域，接下來就是最好游泳的地方了，水底又深又平滑。我們可以放掉香蕉樹，潛到水底，貼近水底的地面，會看到許許多多的魚，跟我們一起游泳呢！大本金魚肚子銀亮亮的，游得很快，還有一大群的吳郭魚，會從我們身邊游過。如果你們憋氣憋得夠久，和這些魚兒慢慢游在一起久一點的話，牠們會和你玩呢！」

「真的嗎？湯姆！你連最深、水流最快的段落，全游過了嗎？」

「我還游過大圳的大灣道及大涵洞哦！很刺激呢！我怕憋氣憋不了那麼久，卡在大涵洞裡，擔心出不來，還好涵洞裡夠寬，水流又順暢，順著水流快速地潛泳。通過之後，好像經歷一場死亡遊戲一般地驚險。

有一次放學，我獨自地到那裡游泳，潛過大涵洞，被一位阿伯看到我游進大涵洞裡，他以為我是死仔崽，死掉了，流進大涵洞，害他很緊張地放下肩頭上的犁頭，連牛也來不及顧著，一路跑回村子裡，呼喊一大堆人來找死仔崽。回來時，看我在大涵洞裏，鑽進鑽出的，還游得很快樂。他罵我猴死囝仔，害他驚慌地跑回去找人來救人，原來是這傢伙一個人快樂地潛泳，還不怕死地潛過大涵洞。」

「這大涵洞暗不見光，也沒有一點空隙可以呼吸空氣，萬一憋不住氣，會死人的呢！」

「我也知道啊！剛開始我也很害怕潛泳的速度過不了關，但潛進去裡面拼命地游啊游！用盡力氣拼命地潛游，直到冒出頭來看到陽光，才知道成功了，好興奮哦！從此我就喜歡潛游這一段。

我還想挑戰下厝庄那一段更長更狹長的涵洞呢！只是我沒有把握可以潛過去，枯水期的時候，我有去探查，發覺那段太淺了，水流的壓力一定很大，憋氣的時間無法長久，所以就不敢嚐試。

好啦！我們繼續到鳳揚頭那裡，有許多香蕉園。」

香蕉筏

　　「湯姆！你看！那邊有幾棵香蕉樹，長在四季豆田的大土堆上。」

　　「走！我們去瞧瞧，看能不能找到被大香蕉串壓倒的香蕉樹？」

　　小水溝那邊有了。

「我們把它搬到水溝裡，讓它流到大圳邊，才不用抬得那麼累。」

「我去小黃瓜田找一找草繩，綁在香蕉樹頭用手拉，在水面上像小舟一樣，拖著走。」

「安東尼！尼費！你們倆在前頭拉，我和湯姆在後面推，上面的水溝比較寬，水道的雜草很多吔！」

「拉不動了。」

「那我們用扛的，好不好？」

「哇！全是水很重呢！」

「不會啦！不會啦！扛上肩膀，再走過高麗菜田、花椰菜田、稻田，看到大圳，就把香蕉樹丟進水裡，我們再一起跳進水裡，抱著它順水而下。」

「哇！終於扛到了。」

「安東尼！你站過來，我們橫著把香蕉樹丟進去。」

一、二、三，噗通！

「我先跳。」

咚！咚！咚！咚！好涼哦！

「尼費！尼費！趕快追上來，水流很大，追不上香蕉樹了，游快一點。」

「喬治！喬治！坐在上面，抱著它。」

「湯姆！湯姆！我們把它拉到圳邊，那裡水流比較

水瀑布牆

緩，這一段河道又寬，水量又大，我們一起抱著它，用腳滑動，不用使太多力氣。」

「湯姆！湯姆！水瀑布牆快到了，我會怕！」

「湯姆！我不敢順水沖下去。」

已經來不及了。

「哇！」

順著瀑布下來了，淹到水底了。

香蕉樹在漩渦處滾動。

尼費笨笨地喝了好幾口水，嗆到了。

安東尼游不出來，湯姆和喬治游過去拉他，拉不動安東尼的身體，推香蕉樹到安東尼那兒，叫他抱著不要放掉。

尼費又被漩渦滾進水底了。

湯姆像一條魚，一樣也潛進水底，拉著尼費，用手拍一拍尼費，尼費睜開眼睛，看到湯姆也在水底，還一副優閑的潛游模樣。

尼費浮出水面。

湯姆頑皮地潛在水下拉尼費的腳，又潛到安東尼那邊拉著安東尼，一起下潛到水底。

喬治身手敏捷，一翻身也深潛到水底了。

尼費和安東尼對水瀑布牆的漩渦，有點害怕。

　　湯姆捉著安東尼的腳，一起下潛幾次之後，安東尼也敢在水底睜開眼睛，看水面下的世界了。

　　是不是很好玩？

　　「安東尼！尼費！我告訴你們，水瀑布牆的漩渦力道固定，在那幾個角落旋轉，漩渦越大，泡泡越多，你游到那裡，全身放輕鬆，讓水流的力量自然地把你送出外圍。等到沖離漩渦的邊邊，看不到水泡泡的時候，你想游回去，再潛入水底，順著水迴游到水瀑布落下處。沿著水牆，在水簾的後面可以休息，那裡的水是靜止狀態。

　　游過水簾，深呼吸一口氣，馬上下潛進入漩渦處，身體會有如千軍萬馬的水流量，往身子沖下來。大量水傾壓在全身，會很舒服的，好像水在幫我們按摩一樣，在享受快感的一瞬間，就被沖出來了。」

　　「哦！湯姆！我也會了，這道水瀑布牆我沒游過，對這裡的水路不熟，會怕呢！」

　　「安東尼！你習慣了嗎？」

　　「哦！吃了幾口水之後，才適應。好好玩喔！」

　　「下游還有更多的水瀑布牆，等著我們去冒險呢！走吧！」

　　沖出來，游過癮了，到下一站吧！

　　「喬治！我們把香蕉樹推出來，抱好哦！」

水瀑布牆

下面水流湍急，兩邊的合歡樹垂下來，會打到頭哦！

「喬治！喬治！頭低下來，潛到水底下。」

「好險哦！差一點打到。」

這一段的樹蔭非常茂盛，好像樹的隧道一樣。

「上面的石頭要注意一下哦！有時候大錦蛇會跑來游泳，牠們在水面上游泳的速度很快，很快，身體彎彎曲曲地滑動，一溜煙地往對岸爬上去了。我看過一隻錦蛇吞下一顆大鵝蛋，在這裡游不動，身體浮在上面，靠在牆壁邊，吃力地消化牠身上的大鵝蛋呢！」

大錦蛇在吞蛋的時候，笨拙笨拙的，那粒蛋在牠身體一節一節地前進，隆起的肚子鼓鼓的，吞到尾巴，蛋消化了，牠又恢復敏捷的速度。

這次不曉得能不能看到？

因為上面檳榔園有人家養很多雞鴨鵝的，大錦蛇吃牠們的蛋，小錦蛇被大鵝啄得粉身碎骨，所以小蛇怕鵝。住在村子邊邊靠近田裡的人家，喜歡養大鵝來看家，牠們遇到陌生人會呱呱叫個不停。

鵝大便，蟲、蛇最怕了。

「湯姆！你常看到嗎？」

「有呢！夏天的時候，只要有石頭堆高的地方，就很多，尤其這一段夏天常常出現。」

「哎喲！」

「別怕！別怕！蛇也怕我們呢！」

樹隧道到了盡頭了。

下面的水瀑布牆，很淺很淺，水道很寬，但水又急又湍。

「我們沒辦法游泳，要爬起來坐著。」

用屁股坐在平滑的水道上，像滑溜梯一樣，速度很快。

「坐好哦！」

兩手兩腳像ㄇ字型一樣，用身體平衡，咻咻！

「哇！好過癮哦！」

「會沖很遠哦！」

「屁股好痛喔！」

「下次我們摘檳榔樹的葉子墊底，坐在上面，屁股就不會痛了呀！」

「管它的！先游再說吧！萬一屁股滑痛了，再上岸不就得了。難得今天禮拜六。」

湯姆說：「游完全程大概一、兩個鐘頭，等一下這裡會有很多人來游泳，玩起來很擁擠。」

中深度水區人更多，每次跳水的時候很怕會撞到人。

水瀑布牆

湯姆說：「游完全程，大水流經過的地方人比較少，游起來才過癮呢！剛剛我們游過樹隧道那一段很神秘吧！」

一面趴在香蕉樹上順流而下，看上面的樹影，一面仰游，看沿路的風景。

安東尼說：「未游過的地方和湯姆一起游下去，每游到一個新地方，內心裡都會產生很大的悸動，又覺得很新奇，激動得興奮莫名，難怪湯姆那麼喜歡到處探險。」

「好啦！好啦！我們一起向下游游下去。」

「湯姆！湯姆！」

「肯尼！魯比！湯尼！要和我們一起游下去嗎？」

「好呀！」

「等一下我們把香蕉樹拖出來，放著讓它順水而下，下一段淺水區要半走半游，下面石頭很多，要小心哦！」

「哦！好痛哦！」

腳絆到石頭了。

「好痛哦！」

「哈哈哈！尼費、安東尼笨笨的！」

安東尼、尼費跌跌撞撞的，又滾又爬，被大水沖走了。

「尼費！尼費！沖到水深的地方，就可以游泳了，你和安東尼、肯尼、魯比、湯尼抱著香蕉樹，我和喬治要下潛了。」

兩手撥開，隨著身體在水中滾動，像一隻海獺一樣自由自在地玩耍。

水中好好玩哦！

浮出水面，馬上下潛，到沿岸看看石頭縫隙，有沒有躲大魚在裡面。

陽光穿透到水底下，從水底看上去，安東尼他們那幾個人抱著香蕉樹，浮在水面，順流而下，用雙腳拍拍水面。

湯姆潛游過去拉魯比的腳，魯比浮在水面上，嚇得哇哇叫。

「湯姆！不要拉我！湯姆！不要拉我！這裡水很深，我不敢游。」

「不會啦！我陪在你身邊，我們一起下潛，游到水瀑布沖積處，看誰游得比較快。」

魯比放掉香蕉樹，和湯姆潛下水中，安東尼、肯尼隨後跟上，一起下潛到水中去找湯姆了。

水閘門

「香蕉樹流走了，我們一起游過去。」

「哇！好累哦！」

水瀑布牆快到了，一夥人隨著大水，滑不溜丟地一一被大水沖下去急流大水道。

「尼費！安東尼！你看！也可以用躺著，頭仰著，背貼在滑滑的水道，身子不斷地旋轉翻滾，轉過身子，像陀螺一樣在水中打滾，好好玩哦！」

「湯姆！這一段叫溜滑梯坡道。」

「魯比、肯尼、湯尼等一下會一起下來這裡玩，他們很喜歡玩這一段呢！」

有時候會滑倒，站起來又被水沖走，人走在水中，搖搖晃晃的，爬起來又跌倒，在水中翻滾。在急流的坡道用走的，站不穩方向行進，被水沖倒了，順勢在水波當中前翻後滾，身體當滑溜板在水波間滑動，比滑溜梯還要刺激呢！

「湯姆！我們站起來一個拉著一個站直，用腳底滑動好嗎？」

「不要！這樣子很危險，萬一倒下來的話，全部的人像肉粽串一樣，一串串地絆倒，那會痛得滿地找牙呢！這裡水底平滑，水流量又大又急湍，只能用仰臥或爬滾的方式，讓急水沖著我們順流而下，游去。」

「尼費！你要是站在水中滑動，游到第六個水牆，你就看到了水閘門，小心哦！平滑水段過後，沖積處的水牆很湍急奔騰，我先滑過橋下，第一個先沖出去等你們。安東尼個兒大，小心沖到下游的時候，不要撞到石頭哦！」

「喔！我知道了。」

水瀑布牆

「湯姆！湯姆！」

「喔！肯尼！湯尼！魯比！你們來了哦！要不要和我一起游到下厝庄啊？」

「不要！我們要在這裡玩滑水就好了。」

「肯尼呀！我們大夥兒一起游下去比較刺激啦！」

「不要！我不敢游到那段深水區，那裡水深超過我們三、四個人的高度，有時候還更深呢！而且下面有很多爛泥巴，我和湯姆游過一、兩次之後，就嚇歪了，踩不到底。每次要換口氣的時候，體力不支，沈下去的時候，無法像一般水域最少還可以踩到水底，再用腳尖跳著頂上來，呼吸換口氣。那個區段只有湯姆和一些高中生比較敢去。我領教了幾次之後，和湯尼、魯比已經不敢再嘗試了。」

「可是湯姆的個兒也很小啊！為什麼他敢游完全程呢？」

「湯姆連三地門的深水潭、大瀑布都敢下去潛游了，這條大圳溝，他才不怕呢！」

「所以水牆漩渦再大，湯姆一定是第一個先跳下去再說的人，他就像青蛙一樣，什麼地方都敢游呢！」

「喔！是這樣呀！」

「可是湯姆和我們有找一棵大香蕉樹當助浮的工具，抱著它就不用擔心了呀！你看！在沖積處那裡。」

「喔！可是我們這一次人比較多呢！尼費、安東尼也不是很會游泳，我們七個人抱著它，不知道夠不夠撐著我們呢？」

安東尼撞到香蕉樹，痛得哇哇叫。

湯姆在大水泡中載浮載沈的。

魯比、肯尼、湯尼簡直嚇壞了，拼命地游，吃了幾口水，和安東尼、尼費拖著頗累的身子往淺水區游去。

留下湯姆和喬治在那兒翻滾了，又翻滾，三個漩渦變成兩個大漩渦，潛下身體迴旋，不由自主地翻滾，兩腳兩手放鬆，像水母一樣，任由大小瀑布沖刷。冒出水面，呼一口氣，隨即自然地被大水的漩渦拉回去深潭處，身體很自然地又浮出水面，周而復始地游玩。

這潭水牆的大漩渦最夠意思了，在這裡耗上半天也不會累。

肯尼、魯比、安東尼、湯尼看得目瞪口呆，很想像湯姆一樣自由自在地在水中優游自在，但是看到這麼大的漩渦，手腳還是發抖著呢！

湯姆游出來了。

「湯姆！你都不會累嗎？」

「不會呀！我在水中根本不用費力，我還在水中調養體力呢！游這種大水牆，漩渦越大，浮力越強，只要將身體放自然，順著水勢讓大水去流動，就可以像一條

水瀑布牆

魚一樣在水中優游快活呢！」

　　「看樣子，我也要好好游游看了哦！你們都敢從上游順水而下了。」

　　「再多練幾次，就不會害怕了。」

　　「第五道水牆才更刺激呢！它是大圓形的深潭哦！兩個出口，呈十字型，水槽有個水閘門，如果同時放下來，大潭子的水會變少，往往會關起三個，只留下一個出口。

　　游到那裡，不小心會被沖下很陡很陡的坡道。那個坡道比我們學校的溜滑梯還要高，而且出水口是用漩渦狀的，把你漩進去再吐出來，很好玩呢！這個區域你們如果沒游過的話，一定會害怕，如果熟悉這個水域的流向，就不用擔心了。」

農作小季

大灣道

深水區過了之後，就是大灣道，上面芒果園。

沙沙沙沙！

「嗲走！嗲走！猴死囡仔敢偷摘我的水果，看我不打死才怪！」

沙沙沙沙！

　　後面的農夫拿著棍子拼命追著兩個人，一直跑，一直跑。

　　咻！哇！跳過大圳溝呢！

　　「湯姆！湯姆！你有沒有看到，剛剛有兩個人從我們上面飛過去呢？」

　　「有啊！我嚇一跳，剛剛我才聽到芒果園有沙沙的聲音，我以為有大動物或大錦蛇在跑，怎麼樹葉的聲音會那麼大聲。轉過大灣道，我正享受著仰泳，那兩個人就從我們頭頂上飛過去了呢！嚇死人！這麼大的圳溝，他們怎麼有辦法跳過去呢？」

　　丟石頭。農人不服氣地，拿起地上的石頭，一直丟著那兩個人。看到圳溝裡有人在游泳，對著湯姆他們罵。

　　「攏是你們這些猴死囝仔，胡別來，敢來偷摘我的芒果。」

　　「阿伯啊！我們沒有偷摘你的芒果啦！我們從很遠的地方游下來，根本爬不上去，怎麼偷摘你們的芒果呢？你別把石頭往我們丟，會受傷呢！」

　　老農人氣呼呼地，探頭看一看圳溝，一排列的小孩抱著香蕉樹，在水裡游泳。

　　安東尼和尼費嚇得找個地方爬上岸，怕那個農夫失去理智，拿石頭亂丟。爬上岸，看湯姆他們在水裡繼續

水瀑布牆

游。

「湯姆！我們在上面用跑的，追著你們，下一個水瀑布快到了。」

「你們在上面有沒有看到那兩個人呢？」

「有啦！那兩個傢伙是住在頂頭溪絲瓜雄他們家附近那對雙胞胎，他們現在坐在國小的圍牆上休息呢！」

「我看他們兄弟倆也嚇歪了，想不到這麼大的圳溝，也跳得過去，如果參加我們學校的跳遠比賽的話，一定是全校第一名，可惜他們兩兄弟沒讀書。」

「那個農人似乎還不甘願，在對岸看著他們兄弟倆，拿石頭丟個不停，根本丟不到嘛！那麼遠的距離。」

「還好我們游離他的果園，也有一段距離了。」

水牆到了，沖下去，游了一會兒。

「湯姆！喬治！上來好不好？不要游了啦！我們上岸，一起去香米區撿地瓜來焢窯。」

「好啊！」

「湯姆！喬治！我們要先回去了。」

「魯比！湯尼！你們不想一起來嗎？」

「不要！我祖母叫我下午要去芋頭園採收芋頭。湯姆！你們下午要不要來幫忙採收我們的芋頭呢？」

「好呀！」

「安東尼！尼費！喬治！魯比！肯尼！我們不要去撿地瓜了，去採收芋頭，採收完，再撿湯尼他們家不要的小芋頭來焢窰。」

「哦！好呀！」

「採收芋頭，全身會發癢呢！」

「不管啦！我們走回去，走到湯尼他們家的芋頭田，衣服也乾了。」

採芋頭

「爸爸！我們班的同學要來幫忙採收芋頭。」

「喔！好呀！」

湯姆去年有來幫忙採收過，全身弄得溼答答，採收完，站在田邊捉癢，捉得全身紅腫腫的，今年又要來幫忙。

「湯姆啊！你不怕嗎？」

「阿叔！不會啦！」

湯尼站在芋頭田，喊湯姆下來。

「這一排給你。」

一個人一排，拿小刀子拔起芋頭，把根部，還有芋頭梗葉子，一起弄掉，一粒一粒地丟成一堆。

芋頭梗又長又嫩，拔完帶一些回去燜炒薑絲蔭豆豉，很好吃呢！

安東尼、尼費拔得很快。

魯比跟不上，七手八腳，亂拔一通。

湯尼的姊姊跟過來，拿肥料袋裝好，一袋袋立在田中。

湯尼去拿布袋用針及繩子縫一縫，爸爸把一袋袋的芋頭扛上去。

芋頭種在很低窪的田裡，五分多地，一下子就被湯尼的親戚，還有這些小鬼頭拔光光了。

「湯尼！叫你同學晚上留下來，一起吃完飯再回家。」

「喔！湯姆！安東尼！尼費！魯比！晚上在我們家吃飯哦！」

「喔！」

「我媽去炒米粉了。」

水瀑布牆

「阿興、美珍的爸媽也都來了。」

「阿宏！小南！你們和湯尼是親戚嗎？」

「對啊！湯尼的爸爸是我大舅舅啊！」

「你不知道嗎？」

「我不知道吔！我看你媽媽臉圓滾滾的，很好看，長得和湯尼的爸爸不太像。每次你媽媽看到我們就笑嘻嘻的，和藹可親的模樣，和湯尼的爸爸長得不像親姊弟。」

「對啊！我大舅舅瘦瘦的，有時候很兇呢！你們來幫湯尼採收芋頭，他爸爸就會對湯尼很好，以後湯尼做錯事，就比較不會被打了。」

「小湯尼啊！來哦！趕快叫你同學上來吃米粉，媽炒一大桌的米粉及菜，還有貢丸湯。吃飽飯，這裡還有甜芋頭、鹹芋頭，又鬆軟、又Ｑ，很好吃哦！趕快！大家多添幾碗，要吃飽哦！肯尼！湯姆啊！多吃幾碗哦！」

「謝謝湯尼的媽媽！太晚了，我們要回家了，要不然爸媽會以為我們玩瘋了。」

「安東尼！尼費啊！來！這些芋頭帶一些回去。」

「不用啦！媽媽會以為我們去偷拔人家的芋頭呢！」

「哦！對喔！我怎麼沒想到！」

「湯姆！湯姆！我們一起回去好嗎？」

「好呀！」

跟湯尼爸媽說再見。

湯尼的阿嬤對肯尼說：「這次不會打你了啦！」

肯尼不好意思地跑向湯姆，一起走回家。

湯姆前腳才踏進家裡，湯尼的爸爸後腳就跟著上湯姆的家裡了。

「秀緞！秀緞！來哦！這一點小意思拿給小孩啦！沒多少錢，意思！意思！下午要不是小湯姆他們這班的同學來幫忙採收芋頭，也不會這麼快採收完成呢！這些芋頭梗順便拿幾把送給你們。」

「不用啦！小孩子愛幫忙，哪有關係？阿豐啊！這些收起來，不用給小孩。

阿你！這一季的芋頭收成不錯哦！」

「哪有啊！還不是混口飯吃，種田人哪能發得了財，要不是種稻子比較需要人手，才會多少種點芋頭比較省工啦！種一次七、八個月後採收，也不用人力拔些雜草。哎！種田的人真累哦！」

「來啦！來啦！來這裡坐一下。」

「不行啊！還有好幾位要去他們家走動走動，這些

水瀑布牆

小孩很認真地幫我採收芋頭，有些父母不知道，怕這些小孩太晚回去會被罵，我得趕快去看看才是。」

「湯姆啊！湯尼的爸爸要走了，不出來打個招呼。」

「不用！不用！小湯尼和他媽媽已經分頭去別家拜訪了。」

安東尼：「喲！好癢哦！全身癢得不得了。媽媽！我全身癢得要命！」

「你怎麼去拔芋頭呢？誰叫你不好好讀書，你以後去當農夫才知道辛苦，讓你癢一癢也好。來啦！我去拿些鹽巴幫你抹一抹，看會不會好一點。」

「喲！真的好癢哦！」

「來！脫下衣服，用冷水沖一沖。你看！全身都是芋頭的乳汁，難怪會癢，皮膚幼嫩嫩的，哪經得起芋頭汁的刺激。呵！憨兒子！」

安東尼喊湯尼：「你怎麼跑來了？」

「我爸爸叫我先來你們家，他隨後就到。」

「湯尼啊！安東尼在不在啊？」

「爸！安東尼在大埕洗澡。他全身過敏，發癢得呱呱叫呢！」

「哦！阿葉啊！這是小安東尼的一點點工資啦！先收下。我下午採收芋頭，這些小孩來幫忙，我每人採收一大肥料袋就給七角。這些小孩動作靈敏得很，每個人拼命地挖，個個拔了五、六袋，使我的芋頭田提早採收，就不用擔心梅雨季的大水了。芋頭採收完了，剩下來就擔心稻子的收成。

種田人就怕颱風下雨，沒雨也煩惱，雨下太大也煩惱，我們種田的人真是靠天吃飯。哎！還是看這些小孩比較天真，沒煩沒惱，吃飯上學。放學後，夏天去游泳，下田捉青蛙，灌肚伯仔，捉小鳥，無憂無慮的。」

「哎！沒辦法呀！我們大人就是歹命，做牛做馬，攏嘛是為了這些小孩，看能不能讓他們好過一些？要不然像我們這樣做死做活，做一輩子也是在這裡玩泥土，沒出息啦！」

安東尼的爸爸拿起斗笠，搧一搧身子，捲起褲腳，洗一洗手腳，手拿張板凳，叫湯尼的爸爸坐下來聊天，湯尼的媽媽從外面走來。

「哇！尼費他們家還真遠，住在頭前溪的溪埔地，我拿三塊半給他，他媽媽堅持不拿半毛錢，說什麼也不肯收。他媽媽說他們家採收稻子的時候，小湯尼的姑姑全家都來幫忙採收，算一算我們也都是一家人，叫我不要太客氣，還送一大堆的青椒、茄子，叫我帶回來呢！你看！這麼多，怎麼吃得完。來！來！這幾把順便送給安東尼他爸媽。」

水瀑布牆

「不用啦！哪好意思！人來就好了，還送這麼多東西。」

「安東尼啊！去客廳拿幾把熟香蕉出來請客人，順便多拿幾把，讓他們帶回家。」

「啊！來啦！免客氣啦！這都是自己種的啦！香蕉大豐收，沒價錢，放著一大堆賣不出去，只好等著當肥料。」

安東尼的爸爸一面搖搖頭，一面嘆息個不停，兩手掀起他的汗衫，一腳跨在長板凳上，一腳著地，手上的斗笠換成檳榔葉作成的扇子，不停地搧著身子。

湯尼的爸爸說：「太晚了，該回去了，家裡還有一大堆的事情要忙。」

起身揮揮手。

「發哥啊！有空來我家坐一坐，泡泡茶啦！」

「謝謝啦！」

「不再坐一下？」

「不行啦！不行啦！哪有這麼好命？」

捉蝴蝶

「湯姆！湯姆！我們今天去捉蝴蝶？」

「好啊！史帝夫！等我一下，我去拿網子。」

「湯姆！外面天氣熱，記得戴頂帽子哦！」

「媽媽！我的藍色短褲在哪裡？我要穿短褲子。」

「去房間找找看呀！」

「有啊！我在衣櫥裡翻了翻，就是找不到呀！你幫

水瀑布牆

我收在哪裡呀？」

「我來看看！」

「這不就疊在床頭上嗎？」

「哦！謝謝媽媽！史帝夫在外面等，我要趕快穿好。媽媽！我中午不回來，要去史帝夫他外婆家捉蝴蝶。」

「好！好！我幫你弄了綠豆湯，還有甜米台目，放在小鍋子裡，記得帶出門哦！」

「好啦！好啦！史帝夫！再等一下，我馬上好，你兩位妹妹也要和我們一起去捉蝴蝶嗎？」

「嗯！早上的太陽好大哦！戴一頂草帽，比較涼快。」

「史帝夫！你有準備裝蝴蝶的小箱子嗎？」

「有啊！這個小木頭箱是我爸爸幫我釘的呢！」

「哇！好可愛哦！我自己用小竹子做了一個裝蝴蝶的籠子，從外面就可以看到我們捉了幾隻蝴蝶哦！」

「走吧！我們先到我外婆家後院那一片椰子園裡，有種檸檬樹、桔子、柚子樹，園裡有種好多好多種花，現在正開著朵朵花兒。」

「蝴蝶！蝴蝶！趕快！我們用網子捉捉看！」

史帝夫一面跑，一面跳。

　　湯姆蹲在雜草堆中看，一隻蝴蝶停在花朵上面吸蜜汁，兩手伸過去，要捉蝴蝶的翅膀，蝴蝶飛走了，拿網子在空中撈，蝴蝶飛得更遠。

　　一隻、兩隻、三隻，好多好多蝴蝶、鳳蝶，身上的圖案很漂亮，看能不能捉幾隻放在書本裡做標本？

　　黃色的小蝴蝶最多了，隨便網一網就可以捉到。

　　大蝴蝶比較靈敏，不好捉。

　　「史帝夫！我們老師說放幾塊鳳梨在樹上，就會吸引蝴蝶來吃，我們去找找看，有沒有鳳梨好嗎？」

　　「哦！我叫妹妹去客廳拿。淑琳、淑芬去阿嬤的房子拿幾粒鳳梨過來，順便帶刀子過來哦！」

　　「哇！木瓜、鳳梨、西瓜，還有波羅蜜，妳怎麼帶這麼多東西過來啊？」

　　「阿嬤說這些水果快熟透了，不趕快吃完，會壞掉。這些都是舅舅種的，家裡還多得很呢！」

　　「哦！湯姆！湯姆！我們先來吃水果。」

　　「等一下拿水果皮沿著樹放一些，蝴蝶跑來吸水果汁的時候，我們再來捉它們。」

　　「嗯！好！」

　　「史帝夫！我也有帶綠豆湯、米台目來哦！」

　　「哇！吃得好飽哦！」

　　「哥哥！哥哥！你看！樹上有蝴蝶在吸汁了。」

水瀑布牆

　　湯姆小心翼翼地潛伏過去，躡手躡腳地踏著，踩過草叢，想要用手指捏蝴蝶的翅膀。

　　大蝴蝶動作很靈敏，一看湯姆的手指頭快要捉到牠時，就翩翩起舞地飛走了。

　　湯姆不死心地跑去追。

　　蝴蝶好像知道湯姆的動機似的，故意飛飛停停，要不然就是被鳳梨汁引誘得受不了了，從這棵飛到那棵去吸汁，每當湯姆快要捉到牠時，又飛走了。

　　史帝夫和他妹妹看湯姆追蝴蝶的樣子，好可愛，一直笑著。

　　「湯姆捉不到半隻哦！」

　　「對啊！蝴蝶好聰明哦！捉不到它們呢！還是捉青蛙，撈魚兒比較好捉，蝴蝶太難捉了。」

　　「那我們用網子捕捕看！」

　　「嗯！可是要小心哦！太大力去網它們，翅膀會壞掉的。」

　　淑琳捉到一隻了。

　　淑芬跑過去看看，眼睛瞪得好大好大，看著姊姊手上捉著蝴蝶，蝴蝶的翅膀拼命地擺動。

　　史帝夫跑過來，叫妹妹把蝴蝶裝進箱子裡。

　　「哇！捉到一隻了吧！」

　　淑琳自己也一副不可置信地看著其他樹上的蝴蝶。

　　湯姆整個園區跑遍了，就是捉不到一隻，累歪了，坐下來休息，看著淑琳不急不徐地靜靜走到有蝴蝶的地方，伸手去捧著蝴蝶，轉身興奮地又叫又跳。

　　「湯姆！湯姆！我又捉到一隻了吧！」

　　史帝夫拿著箱子跑過來裝進去，和湯姆對看一下，覺得奇怪，怎麼兩個小男孩捉不到半隻蝴蝶？

　　淑芬也想學姊姊捉蝴蝶，可是她年紀太小了，走到哪裡，都會被雜草蓋住，短小的身軀在草叢裡鑽來鑽去，皮膚被雜草劃傷，紅腫紅腫的。

　　「好癢哦！哥哥！我的手好癢哦！」

　　史帝夫跑去牽著她出來。

　　「哇！淑芬妳穿裙子在雜草堆裡面鑽來鑽去，被蟲蟲咬傷了，大腳手臂腫了一片了。」

　　「好癢哦！」

　　「來！哥哥扶妳去阿嬤那裡休息。」

　　「哇！傻孫子啊！妳怎麼弄得全身紅腫腫的。」

　　阿嬤不說還好，一說完，淑芬就哇哇大哭出來了。

　　「阿嬤去摘幾片蘆薈，幫妳擦一擦，等一下就消腫了。」

　　「有沒有比較好？」

　　點點頭。

　　「不腫了吧！」

水瀑布牆

淑琳還在後面捉蝴蝶，捉得正過癮呢！忽然間大叫一聲。

史帝夫、湯姆跑過去，嚇一跳。

一條蛇在樹邊吐舌頭，旁邊有棵倒下來的爛木瓜樹，四周圍有許多螞蟻窩。

湯姆去找一根竹子，叫淑琳不用怕。

這是一條無毒的臭青母錦蛇，大熱天的，出來納涼，可能剛吃飽，還沒消化，在那裡休息。這種蛇看到人跑得很快呢！湯姆動一下棍子，一溜煙的跑進草叢。

「淑琳的膽子也很大哦！」

「才不呢！我是嚇得不敢動，才愣在那兒。」

「史帝夫！史帝夫！趕快帶妹妹、同學過來吃綠豆湯。」

「阿嬤在叫了，我們去廚房。」

爬上鵝卵石的基牆，一手抓著突出的石頭，腳跟跟著踏上來，攀爬上去。

史帝夫爬上去了。

「湯姆！我拉你上來。」

「喔！」

淑琳、淑芬跟著，讓湯姆拉上來了。

「阿嬤她們房子的地基弄得好高哦！」

「對啊！舅舅說後面的椰子園雜草叢生，夏天蟲蛇會跑進家裡，所以地基上的石頭，撒很多白色的石灰。」

「史帝夫啊！趕快！趕快！趁涼涼，喝幾口綠豆湯，來！這碗留給你。」

「阿嬤！我也有帶來呢！」

「哇！你媽媽也幫你準備啊！你不就村子那位秀緞的兒子嗎？湯姆呀！沒關係！多吃幾碗，這甜的東西吃了容易餓，等一下我煮了一大鍋的竹筍粥，中午留下來一起吃飽再回去。」

摘芒果

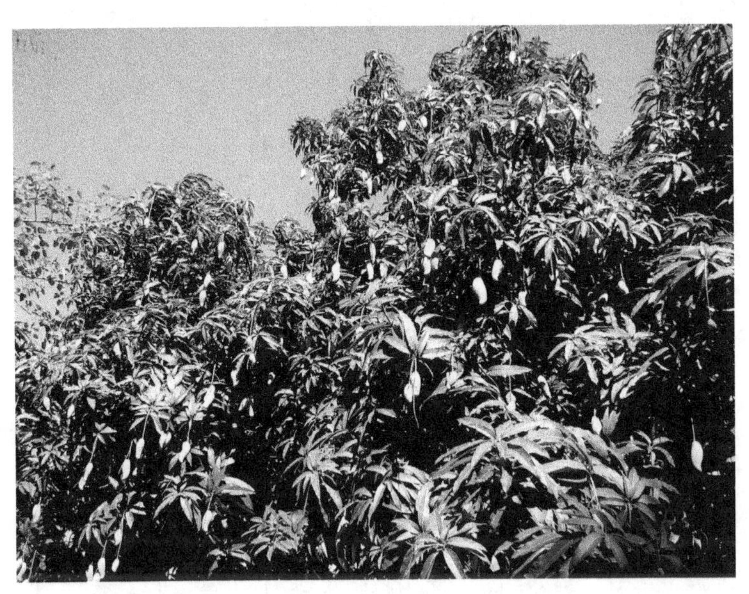

「哦！史帝夫！我們到前面摘芒果好不好？」

「好呀！湯姆！我們爬上去用搖的。」

芒果掉下來，叫淑琳拿臉盆來撿。

沙沙沙！哇！掉了滿地，好多黃芒果哦！

淑芬蹲著撿起來吃，滴了全身衣服全是芒果汁。

　　湯姆從樹上爬下來，又爬上另外一棵芒果樹，拼命地搖，啵啵啵！掉好多哦！

　　史帝夫坐在樹上摘幾粒，在青黃的熟芒果上，用手捏一捏，甩一甩，芒果軟掉了，咬一個洞，拿起吸食，一粒接一粒地吃個不停。

　　湯姆跳下來找一桶臉盆裝黃芒果，和淑琳拿去洗完，坐在樹下比賽誰吃得比較快。

　　淑芬剝黃芒果皮，剝得笨手笨腳的。

　　湯姆和淑琳狼吞虎嚥，吃完一桶又一桶，肚子撐得好飽哦！

　　阿嬤喊一聲：「史帝夫啊！快快進來廚房吃竹筍粥。」

　　湯姆和史帝夫的妹妹笑出來。

　　「吃不下了。」

　　阿嬤仍然一直叫著，還端出大鍋子，拿到芒果樹下叫：「史帝夫！這竹筍粥很好吃，趕快吃一吃，吃飽了，去房裡休息，睡個午覺，大熱天的，身體不休息一下，會熱到的。」

　　「哇！真的好飽哦！」

　　「吃不下了。」

　　「阿嬤！我們要在芒果樹下的牛車上睡個覺，等一下再吃。」

水瀑布牆

嘩啦！嘩啦！下雨了。

湯姆趕快跑進去躲雨。

「淑芬！哥哥抱妳！跑快點。」

「哇！才一下子就烏雲密佈，天上的雲忽而黑，忽而白，你看！那邊還有大太陽，我們這裡雨卻下得這麼大，太陽又出來了。」

「阿嬤！怎麼有大太陽，還會下大雨呢！你看天空沒有烏雲吔！」

阿嬤抬頭看著天，搖搖頭，嘆了一口氣。

「哎！這種天氣農作物的害蟲最容易生長。」

史帝夫和湯姆搞不清楚，下雨天和害蟲有什麼關聯？

雨停了，太陽仍然高高地掛在天上，陽光的照射熱得讓人更受不了。

湯姆問史帝夫：「要不要去游泳？」

「我要照顧妹妹，不能帶她們到水邊玩，媽媽會罵呢！」

「喔！那我先回去了，太熱了，等一下找肯尼和魯比、湯尼一起游泳。」

「阿嬤！湯姆要先回去了。」

「等一下！等一下！史帝夫！叫湯姆不要走那麼快，這裡有幾粒鳳梨，還有你們搖下來的黃芒果，要他帶回去。」

「湯姆！湯姆！我阿嬤叫你等一下，別走那麼快嘛！」

湯姆剛跳過石頭砌成的矮牆，又折回。

史帝夫接下阿嬤的肥料袋，拿一堆鳳梨、黃芒果給湯姆。

湯姆說：「好重哦！我背不動啦！史帝夫！我們家芒果樹上黃芒果也很多，這些不用，你留著，這兩粒鳳梨我帶回去就好啦！我先回去了哦！下午再到鳳珠她們家那一段的大圳找我們哦！」

「媽媽！史帝夫他阿嬤送兩粒鳳梨給我吔！」

「哦！是那位老王的丈母娘。」

「史帝夫他阿嬤說，我是村內秀緞的囝子。媽媽！他阿嬤跟你很熟嗎？」

「傻孩子！我們同村的人庄頭庄尾，大家都嘛認識！我們這裡有四村的庄頭，老王的丈母娘住村外，媽媽要下田去工作，都會經過他們家後面的那條鐵道啊！」

「喔！剛剛那裡有下大雨哦！」

「這裡也有下啊！只下一陣子而已！」

「媽媽！等一下我要去大圳游泳。」

水瀑布牆

「又要出門哦！大熱天的，會熱到呢！」

「不會啦！等一下跳進大圳裡游泳，就很涼快了啊！」

媽媽搖搖頭，這小孩一天到晚老是往外跑。

湯姆蹦蹦跳跳地跑到圳邊。

還好水沒有污濁掉，很清澈。

爬上跳台，一頭栽下去，潛進水底，學青蛙式游啊游，憋氣憋久一點，睜開眼睛，看水中有些小魚兒游得很快。

水流急的地方，看不到東西。

潛進深潭區，那裡水比較暖和，魚兒成群，在那兒聚集，看著一群、兩群游過去，魚兒驚嚇得四處游竄。

湯姆浮出水面。

岸上有許多小朋友一個個跳進大圳游泳。

湯姆從下游爬上岸，到剛剛跳的地方再跳一次。

游完了，再回來時，聽到肯尼、魯比、喬治他們叫：「湯姆！湯姆！我們從最上游游泳，一路游下來，好不好？」

航海訓練

甘蔗錢

　　湯姆吵著媽媽說，全校師生都要去參加航海訓練，他不能不參加，跟媽媽說每人要繳七百塊。

　　「媽媽！我一定要去啦！哼！」

　　哭哭哭！

　　湯姆每次向媽媽要求每件事情，或想要求達到目的地的時候，就用哭的方式向媽媽撒嬌，用哭聲總能達到目的。

媽媽正煩惱著，如何去籌措這筆不算小的報名費，問湯姆：「學校要繳這麼多嗎？」

「對啊！我們老師說，航海訓練要坐火車到基隆港口搭軍艦出海，要七天六夜在海上，軍艦會載著全國各大專院校及各中小學的學生去參加。老師說這種機會很難得，搞不好一輩子都遇不到一次呢！媽媽！媽媽！我不管！我不管啦！我一定要參加。」

「好！好！媽媽來想想辦法。」

「真的哦！謝謝媽媽！媽媽最好了，我以後做什麼事情，一定會聽媽媽的話。」

「湯姆乖！以後媽媽叫你起牀去撿牛豬屎的時候，不能再賴床了，要像德瑞他們兄弟一樣，早早起牀，沿大街小道撿拾牛豬糞回家堆肥，知道嗎？」

「哦！好啦！媽媽！我們老師說下個禮拜一就要將報名費繳給學校，今天星期四了吔！」

「湯姆呀！你不用著急，我問你爸爸，什麼時候去領台糖的甘蔗錢，等領到了，再拿去學校報名。」

「可是爸爸會不會不答應呢？每次要經過爸爸的同意，常常變得好麻煩，又要解釋一堆，有時候很好商量，有時候難纏得很呢！這一次又要向他拿錢報名，不

水瀑布牆

知道會不會又沒下文了呢？媽媽！媽媽！我不管！我不管啦！這次您一定要讓我參加，我一定要去看看大海，我沒有看過大海長得怎麼樣？

小學一年級的時候，老師叫我們背課本，我常念到天這麼黑，風這麼大，爸爸捕魚去，為什麼還沒有回來呢？我常常想船在大海中漂盪，一定很可怕，不像我們家種田，土地連著土地，遠遠地連到大武山邊，看到的盡是綠色大地連成一片，藍天白雲相間，即使有大風大雨，我們也不怕駭浪滔天。

我們種田人即使遇到狂風暴雨，也都能認命的，和農作物一樣，任它風吹雨打，我們仍在土地裡慢慢滋潤，吸收營養，慢慢地長大，狂風暴雨我們不怕。

我們有稻苗種子、葉菜蔬果，摘一截地瓜莖隨便插在土地裡，過不久，地瓜結實，一串串大粒地瓜。綠色地瓜葉可以拿來餵豬，去皮後，透明如晨露的地瓜梗和綠色地瓜葉可以川燙，炒菜配飯吃。哪像討海人，無根、無宿，常常又蹲又站，拋撒魚網在海上捕魚。

我們老師說，捕魚郎的生活很辛苦，要我們能夠惜福，有機會生長在農家。這次航海訓練，各位同學如果有機會參加，可以去體驗大海的偉大。

媽媽！您看過大海嗎？」

「有啊！您小阿姨就住在旗津啊！有機會帶你去

看看，她們家才從鳳山搬到旗津的海邊，風景很漂亮哦！」

「我不管！我不管！我不要去旗津，我要去航海訓練。」

「我來問你爸爸什麼時候去台糖領錢。」

「湯姆！湯姆！要不要和爸爸去屏東台糖領甘蔗錢啊？」

「要！等一下！爸爸！我換一條褲子，坐在大腳踏車上比較好坐。」

「坐好哦！」

「哇！台糖怎麼有這麼多錢啊！」

整個大倉庫塞得滿滿的青仔長，還有紅標的鈔票，一疊疊堆得很紮實。

發鈔票的台糖員工，搬活動梯，趴在鈔票上，將一捆捆鈔票從上面搬下來，

有些大叔抽鈔票，像湯姆他們在抽火車上的甘蔗一樣，又抽又挪地，搬得滿身大汗。

外面和爸爸一樣等著領鈔票的人大排長龍，每個人裝滿肥料袋，笑容可掬的，裝在大武腳踏車上，一路高興得騎回家去。

「爸爸！爸爸！好多人哦！」

水瀑布牆

「這些人都是我們屏東縣的蔗農，台糖的甘蔗收購之後，過一陣子放領契作的款項，我們就會來這裡領啊！我們跟他們一樣，每個人裝滿一大袋的肥料袋，也放在大武腳踏車後座，捆綁著載回家。

湯姆！來！我抱你坐上來，壓著我們辛苦收成的甘蔗錢。」

「爸爸！我要去參加航海訓練，您會讓我去參加嗎？」

「傻孩子！爸爸領了這些錢，就可以拿給你去報名了啊！」

「真的哦！謝謝爸爸！」

坐火車

　　「湯姆！湯姆！你是全校唯一參加航海訓練的學生，老師幫你報名了。明天坐早班客運到屏東火車站集合，坐火車直達基隆港口。屏東的學生由一位屏東中興小學的老師負責帶隊，你到屏東火車站就可以看到好多大哥哥、大姊姊及中小學生。有一位郭老師會來找你。湯姆！記得要跟上隊伍哦！」

水瀑布牆

　　湯姆代表繁華國小去參加航海訓練。

　　一大早湯姆緊張地穿好衣服，藍色小短褲、白襯衫。

　　媽媽拿一個農用提袋，裝幾粒蕃石榴及木瓜、蕃茄，要湯姆在路上吃，或許可以拿一些分享給朋友。

　　湯姆受不了媽媽搞不清楚狀況的情形下，老是叫湯姆做些無厘頭的舉動，湯姆又緊張又擔心趕不上坐客運車到屏東，對媽媽說這些東西他用不著。

　　「等一下集合的時候，會有很多人，帶這些東西根本不夠分給人家吃，老師叫我帶幾件衣服，還有牙刷、牙膏就好。媽媽！昨天晚上我不是已經整理好了嗎？」

　　「哦！有！在房間，就帶這麼幾件東西夠嗎？」

　　「趕快啦！我要去坐客運了啦！媽媽！趕快幫我拿來啦！我來不及了啦！」

　　「好！好！這裡有三百塊帶在身上，要包好，放在口袋裡，注意一下身邊的人哦！火車上常有箭溜仔在偷人家的錢。湯姆！錢要帶好哦！」

　　「好啦！好啦！媽媽再見！」

　　湯姆飛奔到客運站牌下，早班車五點五十分準時到，繁華到屏東車站二、三十分就到了。

　　一下車，郭老師叫著：「湯姆嗎？有一位繁華國小的湯姆嗎？」

　　「有！老師！我是湯姆！我是繁華國小的湯姆。」

「哦！好！趕快！我們到火車站集合，這次大專院校的學生比較多，中小學生全縣不超過十五位。湯姆！你很幸運，能夠來參加這個有意義的航海訓練。這幾天我和中興國小的邱老師會帶領你的。」

「記得在陸地上要隨時注意我們，不要跑丟了，到船上有六夜七天可以自由活動，在船上愛怎麼跑，就怎麼跑，要注意自己的安全。在海上航行的時候，不要太靠近船上的欄杆，以免摔到海裡餵大魚。

各位同學！有聽到老師講的話嗎？」

「屏東往基隆的特快車就要開了，沒上車的旅客，趕快上車。」

「老師！老師！我們坐在第幾車廂呢？」

「走！走！跟著老師走就對了！」

「各位同學！我們的座位在最後一節的車廂，坐定位後，把背包放在上面行李廂上。在火車上可以自由活動，後面有五個車廂，會沿路載全國各地的學生，和我們一起去參加航海訓練。

記得每到各停靠站，絕對不能私自下火車，否則走丟了，就找不到人了哦！各位同學！有聽到嗎？」

「有！謝謝老師！」

火車開動了。

「哇！外面的房子會動吔！」

水瀑布牆

還有隔壁軌道上的火車也在走，速度越來越快，越來越快。

屏東大橋咻咻咻！

風切的聲音。

大鐵橋像被高速的風吹走一般地快速閃過眼前。

看電影

　　湯姆回想小時候躲在大姊的裙襬下，偷偷溜進村子裡，唯一開放式的電影場。

　　那是崔西班長的爸爸在經營的電影院，她們家四周圍用布或鐵皮圍得高高的，就在她們家的大庭廣場，擺滿座椅，上面用帆布蓋著，黑不隆咚的。

　　還沒放電影的時候，坐在裡面等看電影的人，會不

水瀑布牆

耐煩地走到大門口。那裡灯很亮，有各種電影海報，崔西的奶奶坐在大門前收票。

由於還未放映，所以人進進出出，常常聚集一堆人之後，大人三五成群會夾帶幾位像湯姆這種六、七歲，或小一、小二的小孩混進去。

崔西的奶奶常常數人頭，數得亂七八糟，還要應付大門口對面幾棵大芒果樹，樹上也常常爬滿等著看免費電影的人。崔西的阿嬤會拿長竹竿，去敲那些躲在芒果樹上，等著看電影的人呢！

姊姊很喜歡看電影，她們的同伴每到黃昏就穿戴整齊，相約六至八位大姑娘，一起去看電影。

湯姆就常常夾在她們穿的大裙襬邊混進去。

有好幾部電影，他印象很深刻。

有一次，湯姆去看一部「流浪的三兄妹」。

兩個哥哥、一位妹妹，他們兄妹三人為了外出尋找媽媽，沿著火車鐵軌一直走，一直走，走到大鐵橋的時候，剛好兩邊均有火車快速通過。

大哥哥比較懂事，身上背著一把雨傘，看雙向火車快逼進時，叫弟弟和妹妹爬進橋下，用雙手懸吊在空中像吊單槓一樣。

下面水流又大又湍急，上面火車咻咻咻快速通過，看得觀眾無不怵目驚心，尤其他們懸吊在半空中盪來盪去，那副緊張的樣子，煞是嚇人。

流浪的三兄妹的妹妹年紀和湯姆一樣，大概也是一、二年級，大哥哥看起來像五年級的樣子。

看了電影之後，湯姆覺得很慶幸，有個溫暖的家，不用像他們兄妹一樣，到處去流浪。

湯姆坐在火車上，看著窗外飛過眼前的景物，飛快地閃過，想到那三位流浪的兄妹，就在這種快速的火車底下，懸吊在半空中。湯姆的下意識裡，感覺坐在這輛火車，底下不知道會不會有流浪的小孩，也懸在橋下躲火車呢！

信宜姊

「湯姆！湯姆！你是湯姆嗎？」

「對呀！」

「湯姆喜歡看外面的風景？」

「很漂亮呢！姊姊！妳怎麼知道我的名字？」

「哦！因為我是屏東區選出來的團長啊！我是屏

東師範學校的學生，以後叫我信宜。」

「信宜姊姊好！」

「這次參加航海訓練的同學，由我負責點名，集合的時候，我會按照名冊，清點人數，看看有沒有到齊。這次我們屏東全縣來參加的大學院校學生有二十三位，中小學生有十五位，所以這星期我們三十八位學生，加上五位老師，全部由我清點人數哦！

小湯姆要記得聽大姊姊和老師的話，要跟緊隊伍。」

「好！謝謝大姊姊！」

「剛剛我看小湯姆側坐看著窗外的景色發呆，好像在想什麼似的。」

「嗯！大姊姊！我剛剛坐火車經過屏東大鐵橋的時候，想起有一位老師問我們班上的同學，有沒有坐過火車？坐過什麼樣的火車呀？曾經坐到哪裡呢？

老師說有對號車、平快車，還問我們火車的顏色？最遠坐到哪裡？那時候我根本不知道這裡有大火車，最遠和最近是哪裡也不知道。

我們班上的同學大都回答，老師！我們坐的火車，是一大塊鐵板做的平面四方型，上面可以堆甘蔗，堆得很高很高，火車從屏東糖廠開出來，拉！一節一節的像竹節蟲一樣在鐵軌上，火車頭會噴出黑煙，拉著叫聲，嗶嗶！然後冒出一團白煙，咻嘭咻嘭地拖動。

水瀑布牆

　　我們村子裡的大人小孩就站在鐵軌旁，在火車慢慢拖動時，大夥兒沿著火車廂排成一列，隨著火車移動的速度，拼命地偷抽甘蔗出來。火車越開越快，偷抽甘蔗的人跟著越跑越快，一面抽，一面丟，女孩子抽不動，就追著火車在後面跑，大人一大捆一大捆的，丟在鐵軌旁，小朋友追著火車，抽到一、兩根甘蔗，就高興得啃咬起來。

　　火車跑遠了，天也黑了。

　　大人沿著鐵軌回去找他們的甘蔗，我們這些小朋友留下來，玩推空火車台的遊戲。這就是我們坐火車的經驗。

　　還有我們這些小孩放學的時候，每到傍晚，就聚集一堆人，拿石頭放在鐵軌上，看火車頭會不會出軌，結果石頭每次都被壓碎，有時候會放五寸鐵釘在鐵軌上，火車經過的時候，我們去找五寸釘，常常找不到呢！五寸釘被火車壓過之後，和石頭一樣，被擠壓得噴了很遠。

　　我們同伴好多人哦！天天都玩這種遊戲，玩到甘蔗採收完了，火車頭不再拖甘蔗時，就等明年再來玩推空火車的活動，所以我對坐這種火車感到很新奇。我從來沒有坐過火車到這麼遠的地方。

　　信宜姊姊！妳有坐過這種火車嗎？」

　　「有呀！信宜姊姊家住高雄市，休假日坐火車來回學校呢！」

「哇！這麼好哦！我們上課都用走路的呢！」

「別急！別急！湯姆長大上大學的時候，就可以坐火車到各大都市去念書了啊！」

「長大？還要多久才能夠長大？我長大一定要拉得到火車上的拉環，還有客運車上的把手。每次坐客運車，我都拉不到拉環，車子搖搖晃晃的，腳站都站不住。我常常想著，為什麼不快點長高，這樣子不管在學校拉單槓或坐車，就不怕搆不到了。」

「哇！湯姆！是希望快快長高，不是希望長大念大學嗎？」

「信宜姊姊！妳念大學，妳們村子裡，有沒有幫妳放鞭炮呢？」

「考上大學，也要放鞭炮啊？我們高雄市有些地方有放鞭炮慶祝，有些沒有。信宜姊姊住的地方沒有放鞭炮慶祝的習慣。

湯姆！你們家鄉有放嗎？」

「有啊！我們村子裡只要有考上大學，或男孩要去當兵，就放鞭炮慶祝。鞭炮放得噼哩啪啦，同村的人就知道哪戶人家的女兒或兒子，又考上哪一所大學了。如果我也考上大學，那我爸媽一定會買一大串的鞭炮來放的。

水瀑布牆

我們家還沒有大學生，爸媽不認識字，可是生活經驗比我們老師豐富呢！我媽媽常常講一些俚語，聽起來好有學問哦！我常問媽媽這是什麼意思？有些俚語聽起來好順口。我跟媽媽說，妳不認識字，怎麼有辦法說出這一堆大道理。媽媽的話不多，但講出來的話都能說服我，不像我朋友阿源，他媽媽一天到晚碎碎念，念到阿源都有點神經質了呢！

我媽常說，對的也念，不對的也念，念到哪一天敗家伙才知死。

信宜姊姊！妳知道嗎？我最常聽到我媽說什麼嗎？」

「說什麼呢？」

「每次我要踏出家門，我媽一定會交代一句話，『出門要注意路頭路尾有車沒？』過馬路要小心！這句話從我上小學開始就一直講，一直講，沒變化過呢！每次我媽講完，我就很不耐煩地跑出去，一面跑，一面回答說：『我知道啦！』

妳爸媽會常說這些話交代妳嗎？」

印象中，信宜的爸爸退休之後，常一個人獨自到公園散步，或找一些老朋友聊天，爸爸比較不擅言詞。

信宜的媽媽呢？很愛做生意，常常一大早和信宜姊姊一起搭火車，媽媽會先下車到五塊厝菜市場賣菜，忙到很晚才回家。

信宜姊姊家裡有五位姊妹、一位哥哥、一位弟弟。

大哥哥在高中教英文，二、三姊在台北當護士，她和四、五姊也同念師範學校，將來也都會當老師。

所以信宜姊姊家裡人口眾多，媽媽又忙著她的快樂賣菜事業，就沒有像湯姆的媽媽一樣有這麼細心的話語。

「湯姆有哥哥姊姊嗎？」

「有啊！我媽說以前有兩位大哥，一位六歲就死掉了，另一位出生不久就死掉了，還有兩位姊姊也死掉了。我想媽媽一定很傷心，每當我和媽媽下田拔草的時候，媽媽常無意中說出來，說我死去的哥哥小時候很聰明，會在田裡東奔西跑，會幫她拉地瓜藤，整理田裡的灌溉水。

我雖然沒有看過大哥哥，但我知道媽媽一直都很想念著他們呢！死掉兩位哥哥之後，我媽回娘家領養了一位大姊，她最疼我了，我媽媽也很愛護大姊哦！二姊就是常夾帶我去看電影那位，還有一位哥哥、兩位姊姊。

我最小了，我們村裡的古醫師說我媽生我的時候，已經快五十歲的人了，生我像生雞蛋一樣快速地噗通下來，三、兩下子就呱呱落地了。

古醫師說我是媽媽的糖生丸。」

水瀑布牆

凍凍！凍凍！火車過橋了。

「哇！信宜姊姊！這是哪裡啊？」

「哦！我看看！喔！這是西螺大橋，我們已經進入了雲嘉南平原，過了濁水溪就到彰化、台中。」

「便當！便當！好吃的便當！」

「湯姆！我們叫便當來吃。」

「好！信宜姊姊！我媽說不能隨便吃人家的東西，我這裡有三百塊錢，是媽媽給我的。便當一個七塊半，買兩個十五塊，有貢糖、蕃薯糖，買一盒，我們吃飽飯一起吃。信宜姊姊！妳要麥芽糖嗎？」

「哦！不要！吃太多不好！」

「哇！好飽哦！」

想睡個覺，趴在信宜姊姊身上，不知不覺睡著了。

基隆港

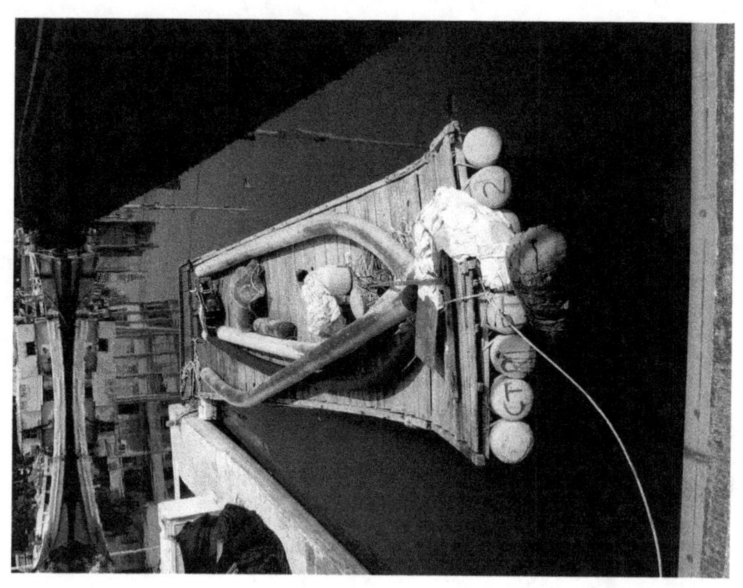

「湯姆！湯姆！起來！」

「哦！我們到了雨港，基隆到了，基隆下雨吔！」

五、六月天基隆也下著毛毛細雨，忽而大雨下個不停，天空烏七麻黑的，感覺陰雨綿綿，陰鬱許多。

「原來基隆的天氣是這樣子的喔！港口的風吹得好涼快哦！哇！聞到海風味了。」

水瀑布牆

　　基隆的山坡一層層堆疊得好像圍城一樣，港口停滿了大小商船，遠遠地幾艘軍艦靠在岸邊，大小漁船也停泊在港灣內，南部的同學看到這種景象，高興得手舞足蹈。

　　「看到船了！看到船了！好棒喔！我們就要出海了。」

　　「各位同學！今天晚上我們在軍艦上用晚餐，等一下點名的時候，我們屏東縣的學生要全員到齊，不能亂跑，等上船，在甲板上，再集合一次。用完晚餐，帶各位到各人的船艙，船艙分上下鋪，空間很小。」

　　「各位同學！記得進入船艙，不能大呼小叫。會暈船嘔吐的人，隨身攜帶塑膠袋，不能吐在牀上。等一下我們集合點完名，船預計在七點準時出航到外海，經過宜蘭龜山島、花蓮外海，來回六夜七天。晚上八點全國各地的學生，在甲板上集合參加救國團舉辦的青春同樂晚會。」

　　「哇！好多好多的大姊姊哦！信宜姊姊！信宜姊姊！妳在哪裡呀？」

　　「湯姆！湯姆！」

　　「咦！」

　　「信宜姊姊叫我來找你！我是阿國！家住恒春，也是唯一代表恒春國小來參加航海訓練的學生。

　　湯姆四年級，我五年級，以後你要叫我大哥，有機會來恒春找我，會帶湯姆去海邊捉魚。我們那裡的海岸有很多龍蝦，還有熱帶魚，每種魚都很漂亮哦！

　　湯姆！你知道海水下面有多少的魚類嗎？」

　　「不知道吔！」

　　「走！明天早上我帶你去船尾看海豚，海豚很喜歡追逐有浪花的船。我爸在海上是開甲板船，用大竹筒綁在一起。有錢的時候，就和大伯、二叔合租幫浦馬達一起出海捕魚，沒錢的時候，就在海岸邊潛水深入岩石，找躲在珊瑚礁裡的魚，用標槍捕捉。晚上我和爸爸下海捕魚，爸爸下潛入海捉魚，我就浮在海上拉著繩子和浮筒綁在一起。」

　　「阿國！你說，你一個人獨自漂浮在海面上哦？」

　　「對啊！我們住在海邊就是靠捕魚、捉魚、挫魚，才能夠賺錢繳學費啊！我爸就是怕我以後跟他一樣，一輩子只能當潛水夫挫魚維生，所以這次參加航海訓練，無論如何一定要讓我參加，希望我上軍艦實習，以後國中畢業叫我讀海軍士官學校，這樣就能夠坐大軍艦在海上航行了，不必像他一樣，一輩子搭小舢船。

　　開這種船到外海怕翻船，和大商船或軍艦會船，常常被大軍艦或大商船的浪花，震得東倒西歪，小船上的

水瀑布牆

人提心吊膽，努力平衡，一陣力氣使盡了，大船老早跑遠了，我爸說他們還在擔心下個浪花湧上來，這種生活真不是滋味，還是想辦法送我們兄弟去海軍士官學校比較好。

我這次的報名費可是爸爸連續一個月，早早出海拼了命，去挫龍蝦，捉鸚歌魚來賣給海產商，才有得來呢！」

「阿國！你爸爸好偉大哦！我爸爸種甘蔗揮汗如雨，才有這樣的收成。沒聽你講，我還不知道住在海邊的人，是這樣生活的，難怪你海上的知識這麼豐富。這幾天我們倆做好朋友，我們有機會再認識其他的人。」

「各位同學！用完晚餐，自由活動半個鐘頭，八點，大家準時到船上的甲板上集合。」

魯東娃

「各地學校自己分區，人數不夠的，可以和別區的
學生合併。」

大家圍成一圈，青春活動開始。

「大家好！今天很難得有這麼多人一起，聚集在這
艘大軍艦上。我相信大多數人第一次坐上這種大船，對
吧？」

水瀑布牆

「對！」

「今天的星夜特別明亮耀眼。首先我們邀請一位來自韓國的僑生，也是台灣大學的魯東娃大姊姊，來為我們主持今天晚上的節目。今天現場來賓，除了各地老師以外，我們也來歡迎掌舵我們今天所乘坐的這艘軍艦，中華民國最偉大、最了不起的艦長—何伊容何艦長！」

拍手掌聲，不斷地拍手。

「謝謝各位同學！今天來參加這次難得的航海訓練，這是中華民國五十九年第一梯次配合救國團，舉辦全國各大學院校及中小學生的海上活動，希望透過各位同學來參加海上航行的體會，讓國人對我國的海上疆域，有所了解，也可以訓練學生對海洋文化的深層體會。謝謝大家！謝謝！祝各位同學，這六夜七天留下永遠的回憶。謝謝！」

拍手！拍手！掌聲不斷！

「看來這次參加的同學，還是台北的比較多，而且都是大姊姊呢！男孩跑到哪兒去了？」

大夥兒笑！一直笑不停的。

「東娃姊姊個兒夠高了吧！東娃姊姊住韓國的仁川，那裡也是海港，對海上航行的經驗是來自父母山東家鄉逃難的體驗。當時若沒有這種大船，我們全家也到不了仁川。

　　台灣政府提供我們僑生回國念書。我所知道世界各地的華僑，無不想盡辦法將他們的子女送回祖國念書。我同學裡，有香港、菲律賓、緬甸、馬來西亞、韓國、美國、加拿大，全世界各地的華人都願意回到祖國念書，我們不遠千里而來，才有今天的機會和各位同學共同搭乘這艘大軍艦。

　　希望利用這幾天的時間，和各位同學一起學習，一起快樂，一起成長，好不好？」

　　「好！」

　　好大聲的呼喊拍手，拍手，鼓掌拍手。

　　大家圍在一起唱：「當我們同在一起，在一起，在一起，其快樂無比。你對著我笑嘻嘻，我對著你笑哈哈。當我們同在一起，在一起，其快樂無比。」

　　再唱一次。

　　「當我們同在一起，在一起，在一起，在一起，在一起，在一起，在一起。哇！一起不完，不完呢！哈哈！好好笑哦！」

　　大夥笑開懷。

　　帶唱的東娃姊姊說：「太感動了，捨不得這樣的場面，真希望我們永遠永遠在一起。所以願意帶大夥一起唱出更大聲的：當我們同在一起，在一起，其快樂無比。你對著我笑嘻嘻，我對著你笑哈哈。當我們同在一起，

水瀑布牆

在一起，其快樂無比。」

拍手，鼓掌，站起來了，大家繼續鼓掌拍手叫好。

「各位同學！好不好玩？」

「好！」

「感不感動啊？」

「感動！」

「好！接下來我們來玩波浪遊戲。」

「各位同學！躺下來，分成好幾排，第一至第三排，前排第一位躺著仰臥之後，馬上倒趴下去，第二排前兩位，第三排前三位，直到第四、五、六排，最後一位的同學接著順序倒臥翻趴，一、兩百位同學形成浪潮一般。

中間的小學生穿著沙魚、鯨魚各種大小魚的紙板模型，穿梭浪潮間。

小朋友要記得蹲上蹲下哦！

潮間帶外圍，更小的同學做成海螺在那兒爬來爬去，老師也要穿著漁夫的道具，乘風破浪，出海捕魚去。

哇啊！星星、月亮在我們頭頂放出萬丈光芒，整個大海上，只有我們這艘大軍艦，在黑夜裡，快樂的巡航。

嗨喲－嗨喲！嘿咻！嘿咻！艦長！我們的目標在正前方，我們願意追隨您，跟在您的後方，您是我們的領航，永遠永遠行在海上，偉大的軍艦長，是我們的舵手，也是我們的船長，他會看航海圖，懂天象，天上的星星是他的導引，每個星座他瞭若指掌，海上看不到星光，他還有衛星指引方向，沒有衛星也有雷達啵啵掃描地球的經緯。

艦長！艦長！掌握羅盤搞定方向，海上乘風破浪，巨浪滔天，仍然無畏地向前航。

哇！好棒哦！

各位同學！藉由這身體的波動，知道海浪的力量，有多大了嗎？我們身體這樣翻滾一下子，是不是很累啊？」

「不會吧！」

「哦！各位真勇敢哦！今天晚上的活動到此結束。等一下解散後，各位同學！可以到船邊看看海浪，還有夜間閃閃發光的白帶魚，明天白天還有追著我們軍艦跑的海豚。幸運的話，還可以看到鯨魚家族哦！這裡的海域常有抹香鯨、大翅鯨，也有虎鯨哦！」

夜深了！

「姊姊！海上的星星好亮喔！」

「嗯！真的好亮呢！小弟弟！你會不會看星座呢？」

「我不會吧！大姊姊！妳知道那是什麼星座嗎？

水瀑布牆

天上有好多好多的星星，真的好漂亮。我們屏東的星星看起來不曉得會不會這麼亮，有沒有這麼多的星星呢？」

　　「哦！小弟弟你家住屏東啊？」

　　「對啊！我家住屏東啊！大姊姊！妳家住哪裡呢？」

　　「嗯！很遠很遠的地方喔！」

　　湯姆在睡夢中，翻了個身。

84

神秘山谷

飛上天

　　湯姆的身體離地向上升起，兩腳懸空著，有著身心分離，踏不著地面那種恐懼，又像要落下懸崖那種感覺。

　　湯姆自己發現他的手掌輕輕地撥弄，像水中的水母一樣，可以掌握著身體向上升起的速度，手掌左右揮揮，左手使力的比較輕，身體會向左傾，倒頭栽了，趕快趨快揮一揮左手又平衡了。

手掌平壓，手指撐開來，如撥雲霧一般，輕飛向上，向上浮飄，看到屋頂在腳下方。

沒有人知道，湯姆會飛。

在空中飄浮著，身心宛如在真空般，空氣不再凝重，可以像羽毛一樣，隨風飄啊！飄啊！飛到雲端，看著星夜，萬里無雲。環宇間，任由湯姆優游。

看著下面，家裡的屋頂有一些許微弱的燈光。

媽媽正甜甜在睡夢中，透過屋頂玻璃，看著媽媽和姊姊躺在牀上。

湯姆會飛呢！這麼神奇！

要告訴誰呢？

「為什麼總在半夜裡，讓我有會飛行的能力？」

剛開始，湯姆很害怕這種經驗，甚至不敢入眠，白天不敢讓肯尼、魯比知道。

要是向湯尼說他會離地飄浮的話，湯尼又要說：「湯姆！你好奇怪哦！」

尋山洞

「肯尼、魯比已經和你去那片大森林找你說的山洞了。大武山下只有涼山那個地方比較像你說的情境。」

茂盛的樹叢裡，有好大好大的河流，滿水位，淹到岸上了。

船在河上划行，感受不到河水的流動，一切靜謐得宛如一幅靜止的圖畫般，鳥語花香，波光粼粼，河道迂迴曲折，環繞，鑽進山洞裡。

內山裡有潺潺流泉聲，轟隆隆在山谷裡迴盪。

船逆流往上游划去，山洞外，豁然開朗，眼前另有一片寧靜山谷，遍地茂密森林和花海。

湯姆身歷其境，宛如另一個世外金色花果園。

這裡的動植物看起來都那麼平和，那麼讓人感到安詳。

兔子可以安穩地坐在地上，啃嫩草，野豬無憂地在那兒遊戲，還有難得看到的花鹿，也靜靜地擺尾巴，在那兒吃草。

地下的昆蟲爬向湯姆，聽著湯姆指揮搬動石塊，要整理旱地成良田，挖山洞，建造野生動物和湯姆的家園。

湯姆覺得這裡的每一樹叢底下的每一種花，生長得很豔麗，朵朵盛開的花兒，靜靜地迎向涼涼的山谷，山谷裡的風吹著樹梢，少許的陽光，穿透樹林間，宛如下著金光閃閃的黃金細雨一般。

湯姆新奇地小心探索著，這裡的每一個地方的一景一物，印象中似曾相識。好像這裡以前來過，覺得這個地方只屬於他個人所有。

他不記得是夢，還是實景，只是很奇怪，怎麼過一陣子，他又會出現在相同的地方，景色依然美麗，處處

水瀑布牆

動人。這裡的山谷與樹木，會讓湯姆感覺到很安全。

湯姆曾帶著肯尼、魯比來找這個地方。但就是找不到湯姆的神秘森林。

「湯姆！你會不會記錯地方？這裡只有瀑布，山谷間的溪水，沒有滿水位的大河呢！」

湯姆不死心，非得找到這個神秘的森林不可。

「魯比！肯尼！以後我要是在夢境中，確定了是哪一個山頭或地方，我們再來找。」

「湯尼不也帶我們去大圳邊，找他夢境中的錢幣嗎？」

「嗯！」

摸錢幣

「湯尼！湯尼！最近有沒有再夢見水溝底，到處都是錢幣的地方？」

「有啊！肯尼呀！你記不記得我們曾經和湯姆去三地門，在高橋那裡的大圳，沿著大圳下方，吉姆他們家種的芋頭田，有一條灌溉水溝。

水瀑布牆

　　湯姆說這裡河水清澈，水溝底到處都是文蛤、本金魚、大肚魚，我們曾在那兒摸文蛤，每次隨手捉一把，文蛤和碎石頭一堆堆混在一起。」

　　碎石頭裡有白碎石頭、黃碎石頭、藍碎石頭、灰碎石頭，還有混雜了許許多多小小的，如翠綠寶石一般的石頭。

　　肯尼和魯比撿了好多好多的寶貝石頭回家。

　　那條灌溉水溝，湯姆最喜歡去那兒捉青蛙了。

　　湯姆說他每次想要捉青蛙，無論什麼時候，那裡永遠有許許多多青蛙，可以捉得滿滿一大袋子呢！

　　「我的夢境裡，小水溝底，到處佈滿了銅板，有一角、伍角、一塊錢的。

　　我記得腳底下踩著好多好多的銅板，一塊錢的銅板，我一直撿，撿不完呢！水溝底，一塊錢連接一角錢、五角錢，水紋反光作用，明明看到一塊錢想撿起來，拿出水面，卻是撿到一角的水銀色銅板。

　　我怕口袋裡裝不下，興奮得伸手到口袋裡拿錢，卻摸不著半毛錢。我以為把撿到的錢弄丟了，趕緊跑到水溝裡，再找一遍，卻找不著。我曾經和湯姆一起來找過。

　　湯姆！湯姆！我們是不是有來高橋這裡找過銅板呢？」

　　「嗯！有啊！我也有夢見撿到錢幣的地方，和湯尼說的地方很接近，也是在高橋這附近，離我二伯母她們家田地旁，有一條灌溉水溝底，錢幣一個接一個，腳下踏著都是金光閃閃和清澈的水互相輝映著。

我沿著水流過的地方，在石頭底下，碎石邊，水裡的大石頭上，好多好多撿不完的銅板。我蹲上蹲下地撿，褲底溼透了，涼涼的，一陣一陣，透過我的背部。爬起來時才知道，尿床了。

掀開棉被，一塊錢也找不到。爬到牀底下，亂摸一把，一塊錢和伍角、一角的銅板混雜著泥土，我才想起來是我爸媽睡覺時，從口袋裡掉出來的零錢，滾落木板牀底下。

每過一陣子，我就摸摸牀下的地方，總會撿到好多錢幣呢！那次尿床之後，水溝裡，有錢幣可以撿的話，我總是小心得盡量不要把褲底弄溼，免得又被涼醒了。

我媽常說我爸沒頭神，口袋裡裝多少錢，常常搞不清楚，弄丟了，老是東找西找。」

一百塊錢壓在牀上的草蓆下，過一陣子，被湯姆撿到。

剛開始湯姆會拿還媽媽，後來爸爸常沒頭神，經常性的掉銅板或青仔長，一百塊錢的鈔票。

湯姆有一次又撿到青仔長，沒還爸媽，偷偷地拿去學校買東西吃。

一百塊吔！好像用不完似的。

頭一次，口袋裡裝了這麼多錢。

下課到福利社，湯姆才嚐到當老大的滋味。

同學看湯姆身上帶這麼多錢，常到福利社買東西請同學吃。肯尼、魯比以為湯姆是屘子，媽媽很疼他，才會有這麼多的零用錢。

趕豬公

　　湯姆有一次帶肯尼到舅舅的大女兒家玩，在絲瓜棚底下，大夥兒爭相看著漫畫書。

　　慧琳很會畫畫，每次畫好一幅漂亮的公主，湯姆看得出神，向慧琳要。

　　慧琳心地很善良，笑起來的時候，臉頰有酒窩，甜甜的一張臉，眼睛很大，皮膚黑黑的，她叫湯姆「舅舅」。

水瀑布牆

「慧琳！你哥哥在趕豬公。」

「才不是呢！那是我爸。我哥還在念大學，二哥不會念書，偶爾才會跟我爸去趕豬公。我們家的種豬、種牛好幾頭呢！村子裡，有人家的母豬發情，我爸就趕豬公去交配。過一陣子，母豬要生出一大堆小豬的話，母豬的主人會送紅包給我們呢！

肯尼呀！你們有沒有養豬呢？湯姆是我姑婆的小孩，湯姆和我媽同輩呢！以後你們可以來我家玩，我知道湯姆舅舅有很多的好朋友。湯尼他們家離我們不遠，從豬舍這裡看過去，可以看到湯尼他們家的屋頂。」

瘋天生

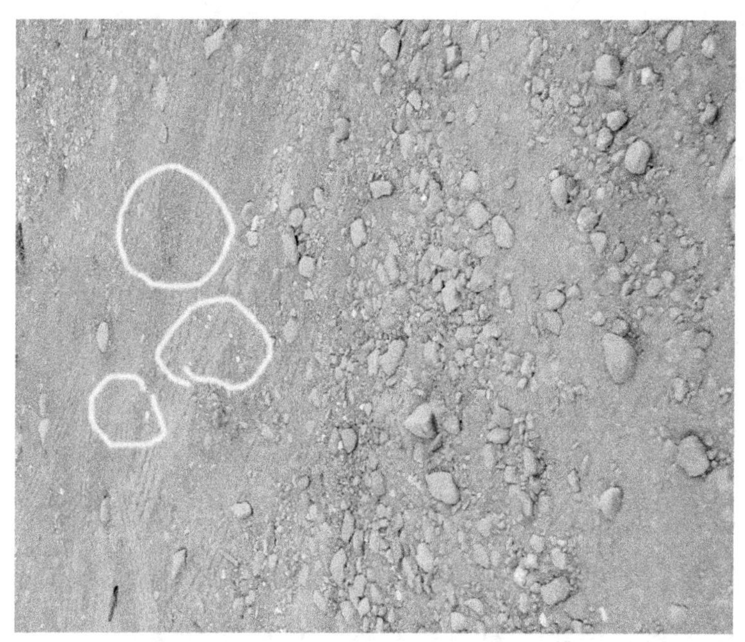

「嘩！嘩！」

瘋天生又蹲在那裡畫圓圈了。

「不要過去！不要過去！等一下瘋天生拿石頭丟你就糟糕了。」

「我們走過去看他在畫什麼東西？」

水瀑布牆

　　瘋天生手拿著石頭，就在泥土路上磨圓圈，在他蹲著的四周圍畫圓圓的一個一個圈圈。

　　湯姆也不知道他畫的是什麼意思？

　　每當放學經過小馬路，就會遇到瘋天生蹲在電線杆旁，或找一棵樹下，就這樣當他的泥土畫家了。

　　他每畫一陣子，就會喊一聲：「嘩！」

　　或連續幾聲：「嘩！嘩！嘩！」

　　然後蹲著，又像站起來的樣子，其實是半蹲著喊一聲：「嘩！」

　　整個人的身體，會隨著他喊出的聲音而向前傾。

　　有時候，幾個調皮搗蛋的小朋友走過去，用腳把瘋天生的圖畫踩踏抹糊掉。

　　瘋天生情緒好的時候，就不會在意被調皮的小孩捉弄。萬一那天，瘋天生心情不好，又碰到哪位倒楣的頑皮小鬼去踩他的泥土畫作，被他逮到，那可倒楣得很呢！

　　這時候，那位倒楣透頂的尼爾森會嚇得哇哇大哭，然後一面跑，一面叫：「瘋天生打人了，瘋天生打人了。」

　　湯姆站在旁邊看，瘋天生仍然安靜地蹲在那兒畫他的圓圈，根本沒有要打人。

　　尼爾森做賊心虛，打人的喊救命！

屏東的小湯姆二

大漢子

　　保羅楊和彼得兩位高個子，放學的時候，常在隊伍的前後面，保護湯姆他們這群小個子的同學。

　　他們兩位像七爺、八爺一樣，鶴立雞群。

　　村子裡有幾位所謂十八羅漢，還有一百零八條的英雄好漢。

這十八羅漢，個個來歷均是不簡單，每一位進出監所好幾趟，動不動就被警察先生捉去關。

其中有幾位像阿田這樣的漢子，被送到綠島還能夠靠游泳的技術偷跑回來，但很快又被送回去綠島了。

就因為阿田及傻瓜大丁他們這幾位十八羅漢，會在村子裡偷人家的東西，所以才會被捉去關。

村子裡的大人要是遇到這幾位大漢，常常很頭痛，搞不清楚這些人為什麼正業不做，遊手好閒，專偷些雞鴨、魚鵝的，大錢偷不著，反而笨到去偷人家的豬牛。

這些動物體型大，又笨又重，人家會問：「阿田！你這隻牛是誰的呢？」

阿田體型也很粗獷，聲音又粗，講起話來像打雷一樣回答人家的問題，會說：「這頭牛是他在村外撿到的。」

他看到牛的身邊沒有人，一定是沒主人的牛，所以才被他撿到，他要拖去宰殺了，煮來吃。

村子裡的人和他講話，講到一半，遠遠地就有一位隔壁村的客家人，一面跑，一面叫：「漫銀偷走乃牛啊！（客家話）」

大家七嘴八舌，講個不停。

阿田聽不懂客家話，村人也搞不懂怎麼回事。阿田又硬著要把牛索走，急得客家人跑到派出所找警察來處理，就這樣阿田又被捉去關了。

水瀑布牆

　　湯姆放學之後，常會和同伴到果園或香蕉園，或同學的家，在走廊間玩橡皮圈或玻璃珠。遇到年紀比他們大的國中生或五、六年級的玩伴，常常講村子裡十八羅漢的故事，或一百零八條好漢的趣事呢！

　　那一百零八條好漢中，有一戶人家，一家三口全是好漢子。

　　媽媽是瘋金連，生兩個兒子，一個大哈，二兒子是小哈。

　　奇怪的是大哈，個子又高又塊頭大，長得將近一百九十公分高，走起路來，搖搖擺擺，旁若無人。雖然他長得高大，但遇到湯姆這些小朋友，那他真是沒轍。

　　文志最喜歡跑到大哈身後，把他穿的褲子拉下來，等大哈來不及反應時，看他光溜溜地裸露屁股。

醉母雞

「安！都長這麼大了，一天到晚醉茫茫，不為自己
著想，也要為妻子和四位兒子想想。」

堂哥看不過去，念了阿安一頓，無力回應的安，拖
著沈重的身體，東倒西歪，搖頭晃腦，兩眼無神看著堂
哥。

破舊髒亂的屋子門前，或蹲或坐著四位年幼的稚

水瀑布牆

子。

「阿勇過來！爸爸抱！」

叫一聲老大的名字，三位弟弟一起跟著擠過來，阿安像母雞帶小雞一般地呵護著。

只是母雞會跑前顧後，帶著小雞到處尋找土堆，用腳爪扒扒泥土，翻找食物。一群小雞時而相互爭逐，時而躲到母雞身體底下。遇到老鷹在空中飛，母雞會機警地警戒。

相對於阿安，一堆兒子窩在身邊，卻兩眼無神地看顧著這群小孩，偶爾還會發出酒後無法控制的情緒，渾身發抖，喃喃自語……

看牙醫

　　湯姆看著戴維斯的弟弟在喊牙痛，坐在牙醫診所的椅子上，兩手死命地抓著自己的臉頰，整張臉腫脹得鼓鼓的，緊緊地咬著牙。

　　牙醫師想盡方法叫他張開口，讓他看牙齒，戴維斯的弟弟就是無動於衷，整個人僵直著發愣。

　　牙醫師實在無法可施，便告訴他：「再不開口讓我

水瀑布牆

看看牙齒，我就不幫你醫了。到時候牙齒會更痛，而且牙齒裡的蛀蟲會在牙齒裡，鑽來鑽去的，然後把你所有的牙齒全部吃掉，再鑽進肉裡的神經，細菌會破壞牙齦，以後你想開口吃飯或吃糖果就沒機會了。」

戴維斯的弟弟仍緊閉著嘴巴，牙醫師已經失去耐心。

戴維斯對湯姆說：「告訴牙醫師，我弟弟不張口讓他看牙齒了。」

「那我們帶他回家。」

晚上戴維斯的弟弟牙痛得受不了，想來看醫師。

康樂隊

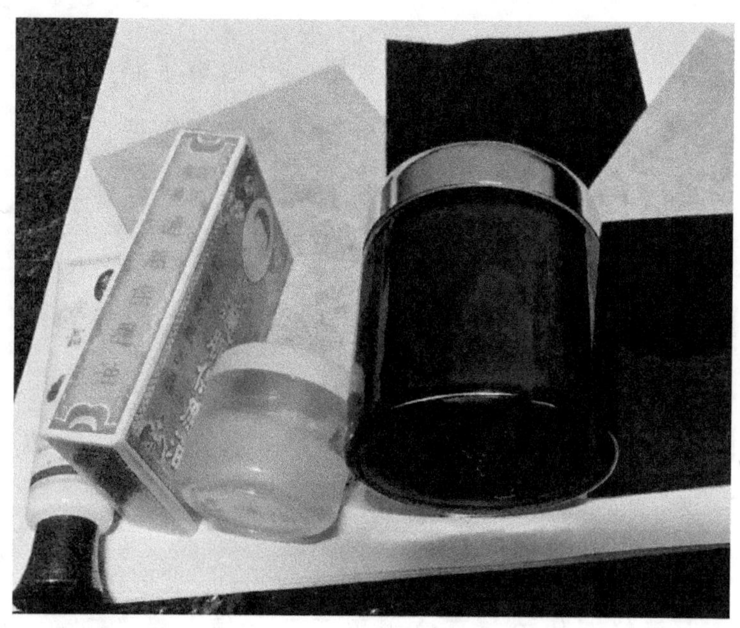

　　「湯姆！湯姆！今天晚上我們去看康樂隊表演好
不好？」

　　「好呀！湯尼！你媽媽送我們的芋頭，我正丟進火
爐裡烤，有好幾粒，我們待會看康樂隊表演的時候，拿
來吃。」

水瀑布牆

「要不要去找肯尼、喬治、安東尼一起來呢？」

「好呀！」

「喔！羅伯特、艾瑞克也來了呢！」

「你們這幾位死忠的，怎麼少了一位呢？」

「魯比晚點會來吧？」

「康樂隊好多人哦！」

「等一下會有倭仔三康樂隊帶很多的電視台當紅的演員出來。」

「哇！妳不是最喜歡看她演戲嗎？她要下去了。快！快！我們到後台去！」

「她們是誰呀？」

「好像不是我們村子裡的人。」

「這位倭仔三來我們村子裡賺了不少錢，每次表演完，叫一些臉上塗胭脂塗得厚厚的女孩們，吆喝阿伯、阿婆來買藥膏、藥粉的，也不知道有沒有效？」

「這王祿仙、打拳賣膏藥，跑江湖的，隨便磨個紅磚粉，裝一裝瓶子，就說可以行功運氣，小孩子吃了會長高，大人吃了藥到病除，有病治病，沒病顧身。」

「哪有啊！我以前買了好幾瓶回去，吃一吃沒效，才知道都是騙人的啦！莊稼人好騙。」

「就是因為好騙，我們村子裡，才會一團接著一團來表演啊！」

黃豆田

　　媽媽、爸爸及家人在採收大豆，後面有一、兩位原住民在撿拾。

　　湯姆問媽媽：「原住民一根一根地撿，好辛苦哦！我可不可以抱一把大豆給她們呢？」

　　媽媽仍然忙著採收，頭也沒回地對湯姆說：「拿幾把給她們，讓她們早早回去。」

湯姆抬頭看看遠遠的大武山，想像著，這幾位原住民大熱天的，從那麼遠的地方來。

她們撿拾稻子或地瓜、大豆，身上只揹著一個小籃子。

湯姆隨便抱兩把大黃豆拿給她們，湯姆看原住民不好意思拿，又抱起來，慢慢用丟的，到她們身邊去。

原住民婆婆蹲下來撿拾，回頭看看湯姆。

湯姆看到她們的臉上有紋痕，臉皮皺得一層一層，和那青色紋痕搭配得很奇怪。

湯姆腦海裡閃過，以前聽說原住民會出草獵人頭，他們常躲在草叢或山邊，伺機獵人頭回去。

湯姆看過書上有照片，的確有許多原住民的住屋外面，掛滿骷髏頭，還有懸崖處也放很多很多人頭吊掛著，看起來很恐怖。

小時候要不乖的話，媽媽最常說：「再哭！再哭！再哭的話！等一下會被原住民捉走哦！」

只要聽到這句話，小湯姆就不敢再哭了。

那時候，傍晚時分，路上沒電燈，只要有人喊一聲：「加禮來啊！加禮來啊！」

小孩子個個都嚇得兩腿發軟，跑不動，就拼命地大哭，等著大人來求救。

水瀑布牆

　　原住民的長相看起來都很黑，聽她們講的話，都是咕嚕！咕嚕！咕嚕地咕不停，好像火雞在對話一樣，什麼意思，一句也聽不懂。所以湯姆每次丟地瓜或稻子、大豆給她們，也只是和她們彼此互看一眼，原住民拿了東西就離開了。

　　湯姆每次遇到幾位原住民從一、二十公里遠的地方，用走路的，從高山下來撿拾五穀雜糧，她們都不會去偷摘農家的作物，只靠勞力撿拾那一小籃子，就揹回去了。

鵪鶉仔

「饅頭！饅頭！包子饅頭！甜的包糖，鹹的包菜。」

「那位外省人又在喊『甜的包蟲，鹹的包屎。（台語）』湯姆！你去買幾粒來吃。」

湯姆興奮地用跑的，又喊又叫。

「賣饅頭的！賣饅頭的！要跟你買！」

遠遠地在台糖鐵道上，那位外省伯伯騎著腳踏車過

水瀑布牆

來問：「小弟弟！你要買幾個？」

「買十粒！甜的、鹹的各五粒。」

湯姆拿著包子快速地跑回田裡，拿給爸爸、媽媽及大姊、哥哥一起吃。

下田工作很辛苦，爸爸、媽媽很節儉，很難得才會叫包子饅頭來吃。

湯姆最興奮就是下田的時候，可以吃到點心。

爸爸和媽媽坐下來吃包子饅頭，看著遠方那兩位原住民婆婆漸漸走遠。

湯姆看著爸爸的身材，高高瘦瘦的，站立挺直，凝望遠方的眼神，有一種悲天憫人的胸懷。湯姆知道爸爸平常不太會說話，脾氣也很固執，但知道爸爸是很善良的。

爸爸的眼睛看著遠方，會瞇成一條線，配上臉上的鷹勾鼻，不講話的時候，有一種威嚴，頭上光禿禿的，如果是當軍人，一定是將軍架勢。只可惜爸爸家裡阿公以下，沒幾個識字的，只二叔日本教育國小畢業，三叔遠調南洋當軍伕，回來不久，娶妻未生子，便得肺癆死亡。

媽媽說爸爸娶她時，才二十二歲，她才十九歲，由大舅做主嫁過來，還差一點逃婚，跑去佛寺裡出家為尼。爸爸追得很勤，主動跑去佛寺把媽媽接回來。

湯姆問媽媽：「爸爸這麼高，怎麼生下我和妳一樣矮？」

媽媽笑一笑，罵：「猴路澎！」

湯姆問媽媽：「媽媽！您怎麼受得了跟一位不講話的丈夫在一起？我覺得我和他不一樣呢！他那麼靜，我又愛說話，我常常想，是不是你們把我撿回來養的呢？」

媽媽笑一笑說：「是呀！湯姆是雲林那位菜商載來讓我養的，他叫你萬順，放在我家，就變成我的萬順了啊！」

湯姆看爸爸兩隻手放在背後，慢慢地走到竹筍園去，跟著爸爸去看看。

小姊姊叫一聲：「湯姆！這裡有一窩鳥巢，是『鵪鶉仔（棕三趾鶉）』啊！一粒蛋、兩粒蛋。哇！四、五粒土灰迷彩的鳥蛋呢！」

鵪鶉仔肥肥胖胖的，飛不高，喜歡用跑的，在農作物裡覓食，牠們的翅膀很短，常常飛飛停停，不像其他鳥可以自由地在天空飛翔。

鵪鶉仔長得像小雞一樣，肉肉肥肥的，烤來吃，很香嫩的。晚上人們喜歡用網兩面夾攻來捕捉牠們。由於牠們飛不高，大人們晚上在農作物上做網，用棍子在農作物上敲敲打打，手電筒一照，鵪鶉仔受到驚嚇，往上飛，又飛不高，一頭栽進人家架設的網裡了。

水瀑布牆

　　採收地瓜、甘蔗、紅豆、黃豆，只要田裡有乾燥的地方，鵪鶉仔就可以下蛋做窩。

　　湯姆跑回來，蹲下來拿起鳥蛋，拿一粒到水中放著，看會不會浮上來？浮上來的話，蛋中就已經有小鳥快孵化了。

　　鵪鶉仔巢築在這裡，大黃豆在採收了，蛋中的小鳥怎麼辦？先帶回家和屋後的母雞一起孵蛋。

　　小姊姊又叫一聲：「這裡又有一窩的青池仔。」

　　湯姆高興得跑跳過去。

　　「哇！青池仔把鳥巢做得好精細哦！裡面有五隻小鳥，光溜溜的。」

　　想要帶鳥巢回家養，問媽媽：「媽媽！媽媽！這兩窩鳥巢統統帶回家養，好嗎？」

　　「你有辦法養活嗎？」

　　「不知道吧！我同學他哥哥也在田裡捉了好多隻十姊妹（文鳥）回家養活了。我去請教他怎麼養小鳥？」

　　媽媽和家人繼續採收大黃豆，用小鐮刀，一刀割一把，手中捉了好幾把之後，放在身後，堆成一堆一堆的，家人一字排開去收割大黃豆。

　　小湯姆拿著鳥巢去牛車上放著，走到那拔園，摘幾粒來吃。

　　湯姆蹲下來吃著番石榴，看到樹下好多好多小青蛙在跳。青蛙背上有一條黃絲和兩條黃線。

這種青蛙太小隻了，湯姆不會捉牠們來煮。

跑去找肥料袋，拉出一條線綁在棍子上，去捉一隻小青蛙綁著，跑去水溝邊釣青蛙。

大水青蛙叫虎皮蛙。

湯姆下田時，無聊就去雜草堆，或稻子收割完，堆放稻草在田裡，一抓一把的稻草拿起移走，下面就會躲幾隻大水青蛙。

水溝邊釣不到水青蛙。

看看快下午了，爸爸從竹筍園走回來，叫湯姆去把牛牽過來，要駕牛車把大黃豆載回家裡。

小湯姆腳踩在大黃豆田，被大黃豆硬梗戳得呱呱叫。

「好痛喔！好痛！插到腳了。」

媽媽和姊姊笑出來。

媽媽叫湯姆在牛車上，把大豆擺整齊。

堆放了一牛車的大黃豆，尖尖的枝葉，戳得有點不舒服，但仍然躺得很舒服，搖搖晃晃地，讓爸爸牽著水牛拉回家。

爸爸把大黃豆鋪在大埕廣場曬乾。

明天又要去採收大紅豆，還有一小部分的綠豆、花豆。

水瀑布牆

　　每到這些豆子收成時，小湯姆就知道離過年快到了。

　　紅豆、花豆做成的紅龜粿的內餡，真好吃，又香又甜又鬆。

　　偶爾湯姆也會叫媽媽煮成紅豆湯、綠豆湯來喝。

　　採收大黃豆，湯姆比較沒辦法像大人一樣，蹲上蹲下地用鐮刀收割，大黃豆的梗很硬，小湯姆割不斷，只好等著幫忙採收紅豆、綠豆。

　　湯姆一早起牀，到母雞窩看鵪鶉仔蛋，那隻老母雞很盡職地在孵蛋，用手撥開母雞，底下一窩蛋還沒孵化。

　　昨天在大埕廣場曬大黃豆，找到幾碗公的大小蟲蟲，捉一條條小蟲餵青池仔吃。

　　青池仔小鳥每隻都張大嘴巴，吱吱叫個不停，一條一條的蟲，叼到牠們嘴裡，吃到肚子裡，撐得鼓鼓的，還是張大嘴巴，一直想要吃。

　　晚上再來餵牠們。

博毓學園出版

五穀豐登莊稼居，

穀倉滿溢木高長，禾苗映田人幸福。

護生復蔬博毓園，

森林綠地自腐朽，生態堆肥循環生。

博毓學園網址：http://tomu18.webnode.tw

吳明博共生農業：http://coco00.webnode.tw

E-mail：869548@gmail.com

水瀑布牆

吳睿保（吳明博・穀禾田・穀莊稼・穀恬憫）

穀莊稼共生農業森林農園：20140129.blogspot.com

穀禾田屏東的小湯姆：20140214.blogspot.com

穀恬憫歡喜法音流：20140402.blogspot.com

少年兒童讀本－屏東的小湯姆系列七本

①過冬青蛙②水瀑布牆③迎神賽會④米仔麩糕⑤叛逆初期⑥姨丈來訪⑦檳榔說客（電子書、紙本書皆有）

醒世幽默小說－法拍屋風暴系列

①法拍屋風暴②投資客的賺錢術（電子書、紙本書皆有）（尚未出版）③④法拍屋 100 案例上下⑤法拍屋，從二十萬賺進二千萬⑥法拍屋投資客也會套牢

三個十年救地球－共生農業系列

①共生農業森林耕種免費圖文書 1～6 冊（出版電子書）②共生農業開講 1～4 冊（出版電子書、紙本書）③居家生態小農園（出版紙本書）

人生哲學－歡喜法音流系列

①生命的體悟（出版電子書）②生死關頭（部落格連載）

以上書系將陸續完成，另有新書系創作中，敬請期待！將不定期舉辦法拍屋、共生農業講座；並固定每月第 1 週週一開放居家生態小農園參觀，請事先預約，歡迎支持共生農業，謝謝！

羅慧茹（和毓·喜鵲）

花茹集：245784.blogspot.com

親子創意書房－國語文教學設計系列

①作文教學②兒童劇教學③讀經教學④書法教學⑤演說教學⑥採編教學

小說創作－

①空白

生命故事書－花茹集系列

①夢裡浮沈②生病也可以幸福③夢中呼喚④幸福之路

以上書系的電子書於谷歌、飽讀電子書店，紙本書於亞馬遜網路書店販售，並持續創作中！

水瀑布牆

屏東的小湯姆二

作　　者／穀禾田
編　　輯／羅慧茹
出　版　者／博毓學園吳睿保
高雄市大樹區興田里興田路 50 號
網址：http://tomu18.webnode.tw
電子信箱：869548@gmail.com
2015 年 5 月　初版
ISBN：978-986-91790-3-4